AF453510

EXAMEN CRITIQUE

DE

L'ARMEMENT FRANÇAIS

EXAMEN CRITIQUE

DE

L'ARMEMENT FRANÇAIS

PAR

F. DE SUZANNE

(Articles de la *Liberté*)

MITRAILLEUSES ET PROJECTILES.

CHASSEPOT.

CHASSEPOT MODIFIÉ.

FUSIL A TABATIÈRE.

ARMES DE GUERRE.

TIRS, FRANCS-TIREURS, GARDES MOBILES...

PARIS

E. DENTU
LIBRAIRE-ÉDITEUR
Galerie d'Orléans, 13
Palais-Royal

Ch. TANERA
ÉDITEUR
LIBRAIRIE MILITAIRE
Rue de Savoie, 6

1870

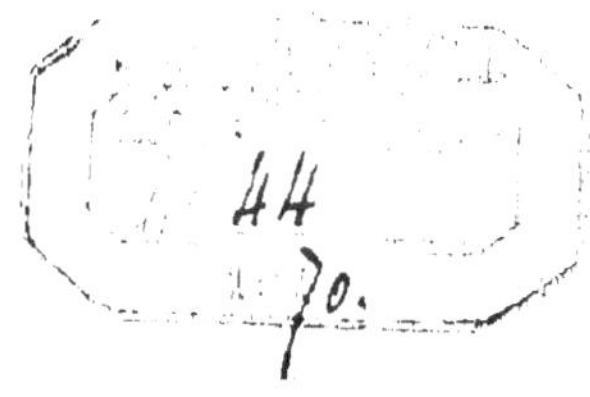

EXAMEN CRITIQUE

DE

L'ARMEMENT FRANÇAIS

Les Mitrailleuses et leurs Projectiles

I

S'il est difficile à une puissance militaire comme la France, même dans un temps de paix et de calme politique, d'introduire une modification quelconque dans l'armement de ses troupes sans éveiller l'attention de l'étranger, à plus forte raison était-il impossible, à une époque d'inquiétude générale, de conserver secret un engin de guerre tout nouveau. Aussi, la mitrailleuse de Meudon, malgré le mystère dont on l'entoure encore, est-elle connue de toute l'Europe. Il est donc permis d'en parler, et d'autant plus à l'aise que nous ne répéterons que ce qui se dit hors de France.

L'idée de réunir en faisceau un certain nombre de canons de fusil n'est pas nouvelle ; il existe dans les musées de nombreux spécimens de ce type d'arme ; seulement, ces essais, et de plus récents, étaient restés infructueux. Parmi ces derniers, il faut citer la *carabine multiple ou mitrailleuse* inventée par un ancien officier belge, capitaine de la grande armée, ingénieur militaire du plus grand mérite, M. Fafschamps, qui fit avec cette arme, jusqu'en 1859, des expériences pour le gouvernement belge. Il ne put aboutir, ayant à vaincre les insurmontables difficultés que produit dans une arme à feu se chargeant par la culasse l'emploi *d'aiguilles* et de *cartouches en papier*, c'est-à-dire les bris d'aiguille, les ratés, l'obturation incomplète, l'encrassement du mécanisme, la mauvaise conservation des cartouches et le danger d'explosion dans les transports ou à la guerre.

On a si bien reconnu la gravité de ces inconvénients, que toutes les puissances de l'Europe ont dédaigné pendant trente ans le fusil prussien, malgré les avantages qu'il présen-

tait, et que toutes les armes nouvelles adoptées sont à cartouche métallique et sans aiguille. La France seule a fait exception, et
cela par suite de l'influence du dépôt central
de l'artillerie, trop souvent hostile au progrès et aux inventions qui lui sont étrangères, et qui a fait adopter une arme sortie de
ses ateliers, et se rattachant au type prussien. Cette arme, nous devons aujourd'hui la
modifier ou la rejeter le plus tôt possible,
afin de mettre nos soldats sur le pied d'éga-
lité avec les ennemis qu'ils peuvent rencontrer; et en cela nous ne ferons que suivre
l'exemple de la Prusse, qui, depuis Sadowa,
recherche sans relâche une arme nouvelle, à
cartouche métallique, laquelle réunira certainement tous les perfectionnements.

La cartouche métallique assure l'obturation, et par suite l'encrassement de la fermeture est évité. Elle est imperméable, facile à fabriquer mécaniquement, d'un trans-
port sûr; elle entraîne la suppression de
l'aiguille comme agent de percussion, et
permet une grande simplification dans l'arme elle-même.

Ces avantages étant admis sans conteste
pour les fusils, il devenait tout simple d'appliquer la même cartouche à la mitrailleuse

Fafschamps, avec les perfectionnements qui s'en suivent. Telle a été la voie suivie à Meudon pendant plusieurs années, au prix de dépenses illimitées, d'essais longtemps infructueux et d'emprunts faits à différents inventeurs, lesquels ont permis d'arriver en dernier lieu à des résultats satisfaisants.

De son côté, en partant du même principe, un armurier belge, M. Montigny, consacrait son intelligence et ses ressources à la création d'une mitrailleuse, et obtenait plus promptement un grand succès. Il sera intéressant, le jour où le lambeau de voile qui recouvre encore la mitrailleuse française sera levé, de la comparer au *mitrailleur* Montigny. On verra surgir probablement un procès non moins curieux que celui qui vient de se plaider au sujet du fusil Chassepot; mais, dès à présent, il est de notoriété à l'étranger que ces deux armes rivales, destinées à se rencontrer sur le champ de bataille comme au tribunal, ne présentent entre elles aucune différence essentielle. D'autant plus, d'abord qu'un mécanicien de Paris, M. Christophe, qui avait fourni à Meudon certaines pièces — et notamment quelques milliers de canons de son invention dont la forme carrée extérieurement facilitait l'assemblage en faisceau, — a joint ses efforts à ceux du fabricant belge, et qu'ensuite les dessins des brevets Montigny, copiés au ministère de l'intérieur à Bruxelles, dès leur apparition, par les soins du ministère de la guerre de France, contribuaient à l'amélioration de la mitrailleuse de Meudon.

Décrire une de ces armes, c'est donc, à peu de choses près, décrire l'autre. Nous choisirons de préférence l'arme Christophe-Montigny, comme étant plus connue et d'autant plus intéressante pour nous que chaque jour elle entre dans l'armement des puissances étrangères.

Le mitrailleur Christophe-Montigny a la forme extérieure d'un canon de campagne monté sur affût. Le corps de la pièce est formé par un certain nombre de canons de fusil groupés en faisceau ; le nombre de ces canons peut varier : la pièce ordinaire en compte 37.

Un levier puissant, muni d'une bielle, placé à la partie postérieure, fait mouvoir en arrière le bloc de fermeture, qui renferme aussi l'appareil de percussion. Les ouvertures des 37 canons se trouvant ainsi à découvert, on opère la charge au moyen d'une plaque d'acier épaisse d'un centimètre et percée d'autant de trous qu'il y a de canons. Pour charger cette plaque ou *plateau,* on la place au-dessus d'une boîte où se trouvent disposées 37 cartouches ; la boîte est renversée, les cartouches s'engagent dans les ouvertures, et le plateau est introduit verticalement dans la pièce, en avant du bloc de fermeture. L'abaissement du levier remet en place le bloc, qui pousse ainsi les cartouches dans l'intérieur des chambres, et par ce même mouvement du levier les 37 percuteurs renfermés dans le bloc se trouvent armés.

Le mitrailleur est donc prêt à faire feu. Pour cela, il ne s'agit plus que de tourner une manivelle placée sur le côté ; une simple révolution suffit pour faire détoner tous les coups. Afin d'éviter l'inconvénient du recul, qui obligerait à chaque décharge de pointer à nouveau, les percuteurs ne frappent pas les cartouches simultanément, mais l'un après l'autre, et proportionnellement à la vitesse de rotation imprimée à la manivelle. Comme il y a intervalle entre l'inflammation des cartouches, l'effet du recul se trouve divisé et détruit.

Aussitôt qu'une plaque est déchargée, elle est enlevée avec les cartouches brûlées, et remplacée par une nouvelle. Onze à douze plateaux peuvent être déchargés en une minute, ce qui donne un tir de 407 à 444 balles.

Le mitrailleur est monté sur un pivot fixé sur l'affût. Par cette disposition on peut, même pendant le tir, lui communiquer un mouvement vers la droite ou vers la gauche, et produire ainsi des feux en éventail. Une vis de pointage, deux coffrets sur les côtés de l'affût, l'un contenant huit plaques chargées, l'autre les outils et accessoires, complètent la pièce. Son poids pour le modèle à 37 canons, qui est le plus lourd, est de 180 kilos sans affût.

Le bon service d'une arme de guerre, que ce soit un fusil ou une mitrailleuse, dépend en très grande partie de ses munitions. Les excellentes cartouches Fusnot, employées pour le mitrailleur, ont grandement contribué à son succès.

L'arme de Meudon est aussi à plateau. Ses 25 canons, qui, d'abord, s'enflammaient ensemble, causant un recul énorme, s'enflamment aujourd'hui les uns après les autres, et le recul est évité. On ne peut pas appliquer le système à levier aux pièces qui sont faites, et il y en a beaucoup,

mais on l'applique, paraît-il, aux pièces neuves. La cartouche, enfin, n'est pas complétement métallique, le corps est en carton, le
culot seul est en métal.

Avant d'examiner les effets qu'on peut attendre des mitrailleuses, disons que la France et la Belgique n'ont pas été seules à produire des armes de ce genre. Ce sont les
Américains qui ont envoyé en Europe, et la
cartouche métallique appliquée à l'arme de
guerre, et ces nombreux et bons fusils que tout
le monde connaît, qui sont adoptés chaque
jour tels quels ou bien légèrement modifiés
par les besoins de la spéculation ; par exemple, le mousqueton Sharps, le Peabody et le
Winchester ont servi de modèle au *Henry*
des Anglais, au *Martini* et au *Vetterlin* des
Suisses. Mais les Américains ne se sont pas
bornés là, ils ont produit aussi de nombreuses mitrailleuses.

Parmi celles qui ont traversé l'Océan, la
plus remarquable est la *batterie Gatling*,
adoptée depuis plusieurs années par le gouvernement des Etats-Unis pour armer les
forts du *Far-West*, exposés aux attaques des
Peaux-Rouges. On a pu voir à l'Exposition
deux batteries de ce système. L'une d'elles,
essayée à Versailles, produisait une sensation

telle par sa grande portée et le ronflement de ses projectiles que, pour éviter toute comparaison fâcheuse, on jugea prudent de la mettre à l'écart en attendant que l'arme de Meudon eût été modifiée et perfectionnée.

Le Gatling n'emploie pas de plateau ; ses 6 canons tournent sur leur axe et viennent se placer successivement devant des boîtes d'où tombent les cartouches. Cette arme, des plus remarquables, expérimentée dans tous les arsenaux d'Europe, adoptée en Russie et en Danemark, était appelée à un plus grand succès si son redoutable concurrent belge n'avait surgi.

La mitrailleuse *Claxton*, également américaine, attire aussi l'attention [1].

Les effets du mitrailleur sont foudroyants, et il suffit de l'avoir vu tirer une fois pour être frappé de stupeur. Dans le modèle à 37 canons, la charge est de 8 gr. de poudre et de 45 gr. de plomb pour un calibre de 14^{mm}, donnant un tir plus puissant que celui du fusil. Il doit en être ainsi, car si le mitrailleur était trop rapproché des tirailleurs ennemis, exposé, en outre, aux feux de l'ar-

---

(1) On peut en voir un modèle en bois chez M. Lepage, arquebusier, rue de Richelieu.

tillerie, il ne tarderait pas à être mis hors de service.

Les mitrailleurs n'enlèveront à l'artillerie rien de sa puissance, au contraire ; mais contre une infanterie dépourvue de canons, contre la cavalerie, et aussi comme auxiliaire de cette arme, pour la guerre de rues, pour la défense ou l'attaque de brèches, de routes, de ponts, de défilés, une arme, comme le mitrailleur Christophe-Montigny, plus mobile qu'une pièce de campagne, aussi simple à manœuvrer qu'un fusil se chargeant par la culasse, et qui permet à deux hommes de lancer trente-six livres de balles à la minute, est un engin de destruction épouvantable.

Aussi les gouvernements, inquiétés par les précautions prises en France pour éviter d'attirer l'attention, précautions habilement exploitées par tous les inventeurs de mitrailleuses, se sont-ils occupés de ces armes dès leur début. Des essais comparatifs ont eu lieu jusqu'au Japon. La Prusse a adopté le mitrailleur Christophe-Montigny, et l'Autriche, il y a quelques mois, demandait à ses Chambres un crédit pour la fabrication d'un cent de ces armes.

L'Angleterre envoyait, l'année dernière, en

Belgique un officier expérimenté, M. le major Fosberry, pour examiner le mitrailleur. Le rapport de cet officier fournit des renseignements curieux ; entre autres faits, il constate qu'en sa présence, au polygone de Braschaet, le mitrailleur produisait en une minute, à 400 mètres, beaucoup plus d'effet que douze obus Shrapnel tirés par quatre pièces de *six* belges se chargeant par la culasse. Il conclut à ce que l'arme soit mise entre les mains d'un ingénieur anglais, afin que tous les perfectionnements de construction lui soient appliqués.

« En prenant l'arme où elle en est, dit-il, nous évitons les énormes dépenses d'autres nations, et nous avons, à peu de frais et en peu de temps, une arme d'autant plus meurtrière et efficace que nos connaissances en fait de tir et notre habileté de fabrication surpassent les leurs. »

Le conseil a paru bon à suivre; car, peu de temps après, M. Fosberry retournait en Belgique, accompagné de M. Metford, très-connu par des travaux remarquables en balistique ; et ces messieurs entreprenaient à Liége la construction d'un mitrailleur pour le gouvernement anglais. Cette arme, terminée il y a quelque temps, est à 37 canons ;

elle a la rayure et la balle Metford en plomb durci, ce qui lui donne une précision, une tension de trajectoire et une pénétration très grandes. Elle a été essayée, avant d'être embarquée pour Woolwich, au tir national de Bruxelles : 666 balles ont été tirées et ont porté dans un rayon de 1^m50. La longueur de ce tir est de 300^m.

Aux noms de Fafschamps, de Montigny, de Christophe, de Fusnot, il faut donc joindre ceux de MM. Metford et Fosberry. Le concours d'hommes si compétents à des titres divers indique clairement la valeur de l'arme sortie de leurs mains, arme qui serait parfaite si elle n'avait un défaut commun à toutes les mitrailleuses, lequel consiste en un échauffement tel qu'il ne permet pas de prolonger le tir au-delà de quelques minutes.

Quelque terribles que soient les effets du mitrailleur, ils ne sont encore rien auprès de ce qu'ils pourraient être si l'on employait les balles explosibles, dont les effets foudroyants sur les bêtes féroces sont bien connus des chasseurs. Le principe de ces balles est fort simple ; elles contiennent, dans une cavité ménagée à l'intérieur, de la poudre détonante, et lorsqu'elles rencontrent un obstacle elles éclatent. La balle explosible est en usage notamment dans l'armée anglaise, mais exceptionnellement.

Le but de ces balles n'est pas, en effet, de tuer sur place ou d'estropier pour toujours le soldat qu'elles atteignent ; mais elles possèdent des propriétés qu'il n'est pas permis de dédaigner à la guerre. Elles éclatent en rencontrant le sol, et leurs fragments peuvent blesser à une certaine distance ; elles enflamment et font sauter les caissons ; elles démoralisent les hommes et épouvantent les chevaux ; elles ont enfin la propriété encore plus importante d'indiquer par les explosions l'endroit précis où elles frappent et de permettre ainsi de corriger *immédiatement* le tir toujours si incertain à la guerre, même avec les armes de la plus grande précision.

Deux hommes comme MM. Metford et Fosberry, tous deux inventeurs de balles explosibles, que ce dernier, en outre, a employées avec succès dans l'Inde pour la mesure des distances de combat, ou même pour la levée de plans, ne laisseront pas échapper l'occasion qui leur est offerte, et qu'ils ont certainement cherchée, d'appliquer au mitrailleur ces dangereux projectiles.

Mais, dira-t-on, et la conférence de Saint-

Pétersbourg qui proscrit l'emploi de projectiles creux pesant moins de 400 grammes ?

A une certaine époque, la Prusse, peu rassurée par nos mitrailleuses et ne se souciant nullement d'en faire l'expérience à ses dépens, fit appel aux bons offices de la Russie. La conférence fut provoquée au nom de l'humanité. On aurait bien voulu y faire proscrire la mitrailleuse tout entière ; la proposition étant délicate, on se contenta de prohiber la balle explosible, qui pouvait en décupler les effets. Quant à l'Angleterre et aux Etats-Unis, ils ne se sont pas faits représenter à cette conférence et n'en n'ont pas admis les conclusions.

La morale à tirer de tout ceci, c'est qu'il faut appliquer à nos carabines et à nos mitrailleuses les projectiles à explosion, comme on l'a déjà fait pour le canon, dans l'espérance que les peuples imposeront d'autant plus la paix à leurs gouvernements que la guerre deviendra plus atroce.

Quant à la France, nous ajouterons avec tristesse que ses armements ont été dirigés dans une voie fausse. L'empereur disait un jour que son gouvernement manquait de contrôle ; cela a été et est encore particulièrement vrai en ce qui concerne la direction imprimée à nos armements. Grâce à un mystère destiné dans bien des cas à éviter les critiques de l'intérieur bien plus que les appréciations de l'étranger, nous avons un mauvais fusil à aiguille, jugé aujourd'hui par ceux-là mêmes qui l'ont imposé; la plus belle partie de notre ancien armement a été anéantie, au prix de 24 fr. le fusil, par suite d'une *transformation* mal fabriquée. Nous avons enfin une mitrailleuse douteuse au prix de combien de millions? personne ne le saura jamais.

Il est regrettable que la direction de l'artillerie permette aux siens de s'improviser *inventeurs*, toujours aux frais du pays, comme cela a eu lieu pour la mitrailleuse, pour le fusil modèle de 1866, pour la transformation modèle de 1867, alors que leur seul rôle, déjà bien assez difficile et délicat, devrait se borner à choisir.

Il est regrettable que l'infanterie n'ait pas exclusivement le choix de ses fusils, comme l'artillerie a celui de ses canons, comme la cavalerie celui de ses chevaux.

Espérons que la renaissance de la liberté en France sera un avertissement salutaire et qu'elle détruira pour toujours l'esprit étroit et exclusif de corporation qui a présidé à nos armements d'une façon fâcheuse.

II

L'article précédent a donné lieu à plusieurs communications intéressantes : entre autres documents, nous avons reçu les relevés des tirs faits à Woolwich avec le mitrailleur Christophe-Montigny et les conclusions du rapport rédigé par M. le major Fosberry, à la suite de ces expériences préparatoires.

Les relevés de tir établissent que l'écart absolu moyen d'une salve ou volée de 37 coups est de 1^m 27 pour une distance de 720 mètres ; à 450 mètres, l'écart n'est plus que de 0^m 77, et cet écart continue à décroître dans la même proportion que la distance.

Maintenant, laissons la parole à M. Fosberry :

« Chacun de ces diagrammes représente l'effet de 37 coups tirés en volée dans l'espace d'une seconde environ. Il est possible de donner au mitrailleur un léger mouvement latéral entre chaque coup ou entre chaque salve, de telle sorte que les groupes de balles soient tangents les uns aux autres. Cette propriété, utilisée contre des lignes ou des masses de troupes, ne manquerait pas de produire de grands ravages.

« Il a été possible, en pratique, à Vienne, de tirer 12 plateaux par minute, soit 444 balles. Distribués de la façon indiquée par les diagrammes, ces 444 projectiles ne manqueraient pas de produire un effet considérable à 800, 1,000 yards et même au-delà.

« Afin de représenter les effets du mitrailleur à la guerre, chaque groupe de 37 balles doit donc être multiplié par 12 pour indiquer le feu d'une seule pièce pendant une minute. Si toutefois les mitrailleurs doivent être réunis par batteries de 8 pièces, comme cela a été fait par les Français, chaque groupe devra alors être multiplié par 96 pour indiquer l'effet d'une telle batterie pendant une minute.

« Il a été constaté que le projectile en plomb durci Metford employé dans le mitrailleur perçait, à la distance de 55 mètres, 29 planches en bois d'orme d'un demi-pouce d'épaisseur. »

CONSIDÉRATIONS FINALES

« 1. — On voit, d'après le rapport et les relevés de tir qui l'accompagnent, que l'arme nouvelle est d'au moins 300 pour 100 supérieure à celle expérimentée l'année dernière à Braschaet, bien que la construction de cette arme n'ait été qu'un compromis entre ce qui était désirable et ce qu'il était possible d'obtenir dans les conditions existantes.

« 2. — Le mérite du perfectionnement réalisé doit être attribué à M. Metford, car c'est son système de projectile et de rayure qui a principalement contribué à le produire.

« 3. — Il est admis qu'en moyenne un *shrapnel* (obus à balles) tiré dans un canon de campagne rayé, ne fournira que 20 fragments effectifs aux mêmes distances que le mitrailleur.

« 4. — On ne peut obtenir d'un canon de campagne que 2 décharges et 1/2 par minute, soit 5 coups en 2 minutes.

« 5. — Le canon de campagne, par conséquent, ne lance sur une colonne d'attaque que 50 projectiles effectifs par minute, soit 400 projectiles pour une batterie de 8 pièces.

« 6. — Le canon de campagne pèse de 800 à 900 livres, et les 20 fragments effectifs ne représentent que la moitié du poids de l'obus complet introduit dans la pièce.

« 7. — La moitié de la force provenant du gaz de la poudre est donc perdue.

« 8. — Dans chaque shrapnel une fusée coûteuse est de rigueur ; son ajustage nécessite du temps et du soin. Si, par suite d'un défaut de construction ou pour une cause quelconque, l'éclatement n'a pas lieu, il ne faut plus compter que sur l'effet d'un seul projectile.

« 9. — Dans le mitrailleur, les projectiles sont divisés depuis leur point de départ jusqu'à leur point d'arrivée.

« 10. — Il fournit par minute 444 projectiles au lieu de 50.

« 11. — L'arme pèse 400 livres, et tout le poids de la charge en poudre et en plomb est utilisé.

« 12. — L'incertitude des fusées et la dépense qu'elles entraînent sont évitées.

« 13. — Une batterie de 8 mitrailleurs lancerait sur une colonne d'attaque 3,552 projectiles effectifs par minute, et la marche de cette colonne, si elle était commencée à 800 ou 900 mètres, deviendrait difficile ou impossible à une très-courte distance de son point de départ.

« 14. — Il a été prouvé que des canons de campagne rayés ne réussissent pas à arrêter des colonnes d'infanterie. Il est au moins possible que des mitrailleurs bien servis le fassent. »

Ces conclusions, si saisissantes dans leur concision toute militaire, ne manqueront pas d'intéresser bien des personnes en France.

Ajoutons que des expériences décisives et définitives viennent d'être terminées à Vienne. Elles offraient d'autant plus d'intérêt que le mitrailleur Christophe-Montigny, se trouvait en présence de la batterie américaine Gatling. Dans les expériences comparatives, l'arme franco-belge a tiré 35,000 coups. Exposée longtemps aux intempéries, traînée à travers les chemins les plus raboteux des environs de Vienne, couverte de boue et de rouille, elle fournissait encore, le

15 décembre, des salves de 444 à 481 coups par minute, et donnait des tirs de 90 0/0 à 900 pas, sans le moindre arrêt ou dérangement dans le mécanisme.

Dans l'arme Gatling, il n'en a pas été de même; il y a eu, dans le cours des expériences, des interruptions forcées, et à la dernière épreuve du 15, cette arme s'est arrêtée tout à fait par suite d'un enclouage causé par un extracteur brisé, qui paralysait tout le mouvement, et elle a été mise de côté.

L'arme Christophe-Montigny, que l'Autriche vient, paraît-il, d'adopter enfin, n'a pas la rayure Metford. Elle tire la cartouche métallique de l'infanterie autrichienne. Les avantages résultant de cette unité de munitions sont-ils suffisants pour balancer les inconvénients d'une cartouche aussi faible pour un mitrailleur ?

III

Il serait injuste de reprocher à notre gouvernement d'avoir un armement complet de mitrailleuses ; il faut, au contraire, l'en féliciter sincèrement.

Mais ce qu'il est permis de critiquer, c'est la façon mystérieuse, coûteuse, fantaisiste, qui a présidé à la création de cet armement.

Qu'est-ce, en effet, que la fabrique de Meudon ? — Qui la dirige ? — Qui paye ? — Est-ce la liste civile ou le pays ? — C'est le pays, mais alors qui est responsable de ce qui s'y passe ? — Tous ces mystères n'auraient-ils pas pour but d'éviter à des fantaisies coûteuses la critique et le contrôle salutaire de l'opinion ?

Une grande puissance militaire est dans

l'impossibilité de conserver à l'état de secret l'adoption et la fabrication d'un engin de guerre quelconque. Le secret devient bientôt celui de tout le monde. L'Angleterre le sait si bien que tout chez elle en matière d'armes, se fait au grand jour et reste inimitable en raison de l'industrie avancée de ce pays. — Voilà son seul secret.

Mais en France, on fait prêter serment de discrétion aux généraux et officiers, peu nombreux, introduits à Meudon comme visiteurs. C'est une plaisanterie, puisqu'on n'ignore pas que la Belgique vend des mitrailleuses qui ont la même origine que la mitrailleuse française et que ces mitrailleurs belges sont connus du monde entier.

Lorsque en France on s'est décidé à faire rayer les canons de campagne, il a fallu créer, parce que l'industrie n'avait pas suffisamment éclairci cette question ; mais pour les mitrailleuses, le cas n'était pas le même, ces armes étant relativement anciennes. Désirant en avoir, il ne fallait pas se lancer dans l'incertitude d'une création, mais simplement faire appel aux inventeurs et juger dans un concours des mérites et des inconvénients des différents systèmes.

A cette époque et dans ces conditions,

la batterie américaine Gatling, adoptée aux Etats-Unis dès 1865 et essayée en France avec succès en 1867, eût été infailliblement adoptée.

Cette arme a assez de valeur pour donner lieu, même encore aujourd'hui, à quelque hésitation dans le choix à faire entre elle ou des modèles plus récents, l'arme Christophe-Montigny, par exemple.

La possibilité de réunir en faisceau, sans dépasser un volume trop considérable, 37 canons d'un calibre de fusil et de décharger chacun de ces canons 12 fois par minute, permet à l'arme Christophe-Montigny de fournir un tir plus rapide que le Gatling tant que ce dernier n'emploie que des canons d'un diamètre analogue.

Mais si, au lieu de balles de fusil, il était jugé avantageux de lancer des projectiles d'un pouce de diamètre, le nombre des canons dans le système Christophe-Montigny serait conséquemment très réduit, et sans aucun doute pour cette dimension de projectile l'avantage appartiendrait tout entier au système Gatling dont la vitesse de tir ne dépend pas du nombre de canons, toujours invariable quelque soit leur calibre, mais de la vitesse de rotation qui leur est imprimée, indépendante elle-même du calibre employé.

L'historique des quelques batteries Gatling importées en France donne le droit de supposer que ces armes sont très-supérieures à nos mitrailleuses officielles et que de longtemps on ne les soumettra à des essais comparatifs publics.

Si les mitrailleuses avaient été simplement adoptées publiquement, l'attention n'aurait pas été attirée sur ces armes comme par ces mystères qui, d'abord, ont inquiété l'Europe et excité sa curiosité. — Bien plus, le mitrailleur Christophe-Montigny, cette arme si redoutable, n'existerait peut-être pas.

Il est donc permis de trouver ruineux pour le pays des créations d'armes qui permettent de puiser sans contrôle dans les caisses publiques et qui donnent naissance à des perfectionnements étrangers dont nos soldats seront les premiers à souffrir.

Que coûte la mitrailleuse de Meudon? — Qu'eût coûté à l'époque un même nombre d'armes Gatling ?....

Le Fusil Chassepot

—

Dans ce siècle si fécond en découvertes de
toutes sortes, la science du tir n'est pas restée
en arrière : les recherches successives de
deux officiers d'infanterie, MM. Delvigne et
Minié, ont amené la substitution de la balle
cylindro-conique expansive à la balle sphéri-
que employée jusqu'alors, et, par ce fait, tout
en conservant aux armes rayées la facilité
de chargement du fusil lisse, leur portée fut
triplée.

L'expérience démontra bientôt que la réduction de l'ancien calibre de 16 balles à la
liare, autrement dit de 17 à 18^{mm}, était
extrêmement favorable au tir des projectiles

allongés : dans cet ordre d'idées, on ne saurait passer sous silence les travaux du grand ingénieur anglais Whitworth qui, mettant à profit, notamment les expériences du major-général Jacob, formulait, en 1856, les règles certaines d'après lesquelles doit être construite l'arme de *petit calibre* et établissait, lui-même, une arme d'une précision et d'une portée supérieures à tout ce qui avait paru.

Tous ces progrès réalisés dans le tir activèrent les recherches sur les moyens d'accélérer le chargement des armes et d'augmenter ainsi leur effet. Mais le grand obstacle qui avait arrêté longtemps les efforts les plus persévérants consistait à trouver une fermeture hermétique et durable de la culasse. M. Dreysse, l'inventeur honoré du fusil à aiguille, n'a pas été, sous ce rapport, plus heureux que les concurrents engagés dans la même voie ; seulement, puissamment secondé par son gouvernement, il créait, le premier, une arme de guerre se chargeant par la culasse, pouvant, malgré de nombreux défauts, rendre de grands services, et qui, dès 1841, devenait l'arme de l'infanterie prussienne.

C'est en France, dans les armes de chasse,

que fut réalisé pour la première fois le pro-
blème de l'obturation par l'emploi de *cartouches spéciales* composées d'un étui en carton
embouti dans un culot en cuivre qui, se di-
latant sous l'action des gaz, leur ferme toute
issue à l'extérieur.

A l'exemple des armuriers français, les
Américains, reconnaissant promptement que
la fermeture de l'arme par elle-même était
impraticable, portèrent leurs recherches sur
les cartouches obturatrices et ils arrivèrent à
créer une cartouche de guerre toute en cuivre qui, chez eux, se généralisa d'autant plus
promptement que la guerre de la sécession
développa aux Etats-Unis, d'une façon éton-
nante, l'industrie des armes. Parmi les fusils
inventés alors, on peut citer le *Remington* et le
Peabody, ce dernier, un des types les plus vrais,
encore aujourd'hui, de l'arme de guerre à
un coup; car, ici déjà, parmi les armes se
chargeant par la culasse, il convient d'établir une distinction entre l'arme à un coup et
celle dite à *magasin* ou à *répétition*, qui con-
tient un certain nombre de cartouches en réserve, et que les Américains créèrent à la
même époque, dans le but d'accélérer le tir
au moment décisif du combat. Ces dernières
armes rendirent de grands services à l'armée
du Nord.

Les cavaliers et les artilleurs fédéraux étaient armés du mousqueton *Spencer* à 8 coups et quelques corps avaient reçu ou acheté à leurs frais une arme encore plus terrible, la carabine *Henry* à 16 coups.

Cette arme Henry, modifiée, devenait, dès 1865, le fusil *Winchester*, dont la courte apparition en Suisse produisit une si grande sensation et qui est destiné à reparaître parce que les armes à répétition sont plus que jamais celles de demain. [1]

Toutes ces armes meurtrières de petit calibre et à chargement par la culasse, ne manquèrent pas d'attirer l'attention en Europe où les puissances avaient depuis longtemps renouvelé leurs armes pour en réduire le ca-

[1] C'est grâce à ces armes que les cavaliers américains, démontés souvent pour enlever des positions qui arrêtaient l'infanterie, redevenaient le lendemain hommes de cheval et accomplissaient, — grâce aussi aux qualités de leur harnachement *Mac-Clellan* et à la légereté de leur uniforme. vareuse en laine et chapeau de feutre, — ces incursions fameuses à longues distances en pays ennemis, sujet d'étonnement pour la cavalerie européenne empétrée dans des équipements qui éreintent le cheval, abrutissent l'homme, et les rendent tous deux brillants à la parade, mais impropres aux marches de guerre ou au combat individuel.

Les fourrageurs de Sherman, qui portèrent la terreur et le ravage en Georgie, ne laissant plus rien à faire au gros de l'armée, et les cavaliers démontés de Sheridan, qui arrêtaient l'armée de Lee, voulant se frayer un passage après la prise de Richmond, avaient des armes à répétition *Spencer* et *Henry*.

libre ; en Allemagne, comme en Suisse et en Angleterre, on se préoccupa des cartouches métalliques et du parti à tirer des armes existantes, car tout faisait prévoir un changement imminent.

En France, nous avions toujours les grossiers fusils de nos pères, fusils qui, rayés seulement à la veille de la campagne d'Italie, étaient inférieurs à ceux de toutes les armées européennes. [1] L'empereur, justement préoccupé de cette infériorité réelle de notre armement, prescrivait, en 1864, l'étude d'une arme de petit calibre se chargeant par la culasse.

Les recherches du dépôt central de l'artillerie aboutirent à la modification d'une arme, proposée autrefois comme mousqueton de cavalerie par un jeune ouvrier militaire, M. Chassepot : dans cette arme, l'obturation était produite par l'élasticité d'une rondelle de caoutchouc, idée nouvelle dont on espérait beaucoup. Afin de diminuer le nombre de mouvements nécessai-

---

(1) En Italie, nos soldats ont eu beaucoup à souffrir de la mousqueterie autrichienne. A Montebello, la quantité des chefs atteints a été considérable, et à Marignan nos pertes furent énormes. Les balles françaises, lorsqu'elles atteignaient, avaient sur les balles autrichiennes l'avantage de produire des blessures plus dangereuses.

res à la charge, on compliqua le mécanisme prussien, tout en lui empruntant les inconvénients de son aiguille et de son ressort à boudin; la cartouche, destinée à disparaître avec le coup, était faite en papier et recouverte de soie; néanmoins, *elle portait son amorce.*

Dans les essais préparatoires, le fusil Chassepot, désormais patronné puissamment à l'atelier des armes portatives de Saint-Thomas-d'Aquin, donna des résultats tellement alarmants que le capitaine rapporteur de la commission de Vincennes, M. Plumerel, s'efforça d'y porter remède en créant à la hâte un fusil qui, entre autres avantages sur son rival, avait celui d'employer une cartouche très-simple en carton.

C'est alors qu'éclata la fusillade de Sadowa.

Le président du comité de l'artillerie, ministre de la guerre aujourd'hui, se déclara prêt à subir l'examen de la haute commission qui, réunie à Châlons par ordre de l'empereur, devait décider en dernier ressort du choix de l'arme future.

Trois modèles furent présentés à cette commission : les fusils Chassepot, Plumerel et Favé.

Ainsi, au mois d'août 1866, alors que la question capitale de l'armement était posée, voilà les seules armes qu'on présenta aux chefs de l'armée?

Quant aux armes américaines, anglaises ou autres, il n'en fut pas question, pas plus que de la *transformation* de nos anciennes armes, qui était la seule voie conseillée par la prudence au lendemain de Sadowa.

Les honorables généraux membres de la commission, inexpérimentés en matière de chargement par la culasse, n'étaient pas préparés, on le conçoit, à se prononcer sur une question de principe. Ce qu'il leur fallait, c'était la solution immédiate d'une question qui les préoccupait au plus haut degré. Ces généraux firent leur devoir, et on ne saurait un seul instant les rendre responsables de la décision prise.

M. le général Favé qui, seul, s'était fait l'avocat de la cartouche métallique, avait retiré son fusil d'essai; il ne restait plus en présence que les fusils Plumerel et Chassepot.

Ce dernier, appuyé par la présence et l'autorité de M. le général Le Bœuf, fut adopté à l'unanimité moins une voix.

Cette voix était celle d'un général autorisé,

que sa position spéciale avait mis au courant de la question, M. le général de Bentzman ancien président de la commission de Vincennes.

Cette décision n'était pas plutôt prise que de toutes parts surgissaient les armes américaines et que les commissions étrangères arrivaient à des conclusions entièrement opposées à la marche suivie en France comme au principe du fusil officiel français :

L'Angleterre transformait immédiatement sa carabine *Enfield* d'après le système *Snider*, avec cartouche métallique *Boxer*, et faisait appel à tous les inventeurs.

La Suisse transformait ses armes existantes et adoptait avec éclat, comme arme neuve, le fusil à magasin Winchester.

L'Autriche, également, adoptait pour ses transformations la cartouche en cuivre, et le Remington.

Cette dernière arme, connue tardivement de l'Empereur, tirée à Biarritz et à Compiègne, balança un instant la fortune du chassepot ; mais ce dernier, bien soutenu, finit par l'emporter. (1)

____

(1) On racontait à cette époque une anecdote caractéristique, mais que je ne saurais garantir: « — Eh bien, prince, disait un jour l'empereur à M. de Metternich, que faites vous en

Voilà donc ce fusil adopté définitivement et baptisé de son nom officiel : *fusil modèle 1866.*

Ici se place un incident dont il convient de dire quelques mots : un brevet fut pris par M. Chassepot à qui revenait une très-grande part dans la création de l'arme nouvelle; et, peu de jours avant le décret d'adoption, ce brevet était vendu à une société commerciale, fondée pour son exploitation et adressée à M. Chassepot par le ministère de la guerre même. [1]

L'administration de la guerre, précédemment, dans des conditions identiques, avait contesté à M. Minié la libre disposition de ses brevets; elle devait agir de même à l'égard de M. Chassepot, contrôleur d'armes, attaché à un atelier national où aboutissaient tous les résultats d'expériences faites aux frais du pays. Elle devait, sans aucun doute, indemniser largement les efforts et la persévérance d'un travailleur honnête; mais il fallait conserver la propriété exclusive d'une arme

Autriche? — Majesté, répliqua celui-ci, nous essayons le Remington. — Le Remington, tiens, qu'est-ce donc ? »

Renseignements pris, il se trouva que cette arme était depuis plusieurs mois au dépôt de l'artillerie; seulement, on n'en avait pas parlé à l'empereur.

[1] Voir le journal *Le Droit* du 1er août 1869.

sortie des ateliers de l'Etat, au service de laquelle avaient été mises toutes les ressources dont on disposait, et ne pas lancer dans la spéculation une arme que les récits officiels présentent encore comme une si grande merveille [1]. Au lieu de cela, cette administration, moyennant une trop modique gratification accordée à M. Chassepot, ne se réserva que le droit de fabrication dans les manufactures impériales, et elle eut même l'imprudence de commander 100,000 fusils, au prix de 85 fr., à cette société qui ne disposait ni d'un outil ni d'un ouvrier. Commande qui lui fut d'un grand secours, car elle n'eut que la peine de traiter à des conditions très avantageuses avec des fabricants étrangers. De ces 100,000 fusils, pas un seul n'a été fabriqué en France ; l'industrie nationale, tributaire d'exigences intéressées, se trouva lésée. Aussi les électeurs de Saint-Etienne s'en sont-ils souvenus aux dernières élections.

Les principaux éléments d'une arme de guerre sont le mécanisme de culasse, la cartouche, le canon, et enfin l'appropriation de l'ensemble aux exigences du service mili-

(1) 2me conférence, armement nouveau, Dumaine, éditeur.

taire. On doit établir une ligne de démarcation bien tranchée entre ces différentes conditions, qui peuvent être remplies en dehors les unes des autres ; mais l'arme qui satisfait à toutes au plus haut degré doit seule être mise entre les mains des troupes. Ceci dit, examinons rapidement les différentes parties du fusil de 1866 :

Mécanisme. — L'obturateur en caoutchouc se dissout sous l'action des corps gras nécessaires à l'entretien de l'arme ; par contre, s'il n'est pas graissé, il se fendille. Dès que la température s'abaisse, il présente l'inconvénient autrement grave de se durcir et de perdre toute élasticité ; comme, alors, il ne se dilate plus sous l'action des gaz, il en résulte un crachement formidable qui arrive directement dans l'œil du tireur sans obstacle aucun. Si la température n'est pas inférieure à zéro, l'obturateur, échauffé par le premier coup, reprend son élasticité, et le feu peut être continué, à moins cependant que l'obturateur n'ait été détérioré. Mais, s'il gèle à quelques degrés, les crachements successifs, qui, du reste, ne sont pas tolérables, amènent la décomposition prompte et certaine de l'obturateur. Dans de telles conditions atmosphériques, on comprend qu'un obturateur de rechange ne soit pas utilisable.

On se demande avec effroi ce que deviendrait une armée française avec ses armes perfectionnées, si elle devait entreprendre à nouveau le siége de Sébastopol?...

L'aiguille est un agent de percussion d'autant plus fragile qu'elle doit traverser une capsule en cuivre d'une certaine épaisseur.

Le ressort à boudin employé comme propulseur doit être proscrit; sous certaines influences atmosphériques, il se casse, ou bien encore il perd sa tension et devient trop faible; de là une source imprévue et subite de ratés.

Des frottements de pièces métalliques de trempe différente amènent dans le mécanisme des aspérités, autre cause de ratés.

Par certains temps, après un feu de vitesse ou même sans cela, l'encrassement de tout le mécanisme est tel que le maniement de l'arme devient extrêmement pénible et souvent les ratés se multiplient.

Les têtes mobiles et d'autres pièces se cassent, etc., etc.

Le système donne lieu à de nombreuses causes de départs accidentels, dont les conséquences sont dangereuses pour le tireur ou pour ses voisins.

Exemples :

L'encrassement de la chambre fait obstacle à l'entrée de la cartouche... Le soldat pousse à coups répétés le verrou dont l'extrémité frappe la capsule placée à la base de la cartouche, le coup peut partir avant que la poignée du verrou n'ait été rabattue pour assurer la fermeture.

Une aiguille se casse dans son canal tout en y restant engagée la pointe en saillie... Le soldat place la cartouche dans le canon, pousse le verrou, le coup part.

Un raté vient de se produire... En posant la crosse à terre un peu fortement, le coup peut partir. Ou bien encore si, après le raté, le soldat fait saillir l'aiguille pour s'assurer si elle est en état et s'il néglige de la faire rentrer avant de chasser la cartouche hors du canon avec la baguette, il peut encore y avoir accident.

L'armée étant chargé et armée, le coup peut aussi partir en frappant le sol avec la crosse.

Le soldat arme, charge, rabat le verrou, le coup peut partir par suite de l'usure du bec de gâchette ou d'une cause quelconque l'empêchant de prendre sa position ordinaire.

Cartouche. — Destinée à disparaître avec le coup, l'enveloppe de la cartouche a l'avantage d'être extrêmement légère; mais, malgré la soie qui l'entoure, elle ne peut ni disparaître ni se consumer complétement. La capsule se retrouve quelquefois dans la boîte de culasse après le tir, ce qui contribue à le ralentir, ou bien, chassée par le coup, cette capsule devient projectile. C'est un autre inconvénient, soit pour les soldats d'un même corps, soit même pour l'ennemi, qui nous contestera certainement le droit d'envenimer ses blessures, comme cela arrivera infailliblement à petite distance. La rondelle en caoutchouc placée dans l'intérieur de la capsule, et dont le but est d'obturer l'entrée du canal de l'aiguille, se retrouve souvent dans ce canal lui-même, de façon à enclouer l'aiguille ou à retarder sa marche.

L'amorce placée à la base de la cartouche est extrêmement sensible, puisque la pointe d'une aiguille la fait détoner; il en résulte un manque absolu de sécurité, soit dans les ateliers, comme le prouvent les catastrophes de Metz et de Châlons, soit dans les transports. Une balle pénétrant dans un caisson produit une explosion qui n'est pas subite, mais assez continue pour qu'on ne puisse en approcher sans danger.

Nous avons vu que le mécanisme occasion-
nait de nombreux ratés; il en est de même
de la cartouche. D'une grande complication,
et faite à la main, une certaine tolérance est
de rigueur : si elle est trop courte, l'aiguille
n'atteint pas l'amorce; si la poudre n'est pas
suffisamment comprimée, elle cède sous le
choc de l'aiguille : il y a raté. Des cartouches
convenablement fabriquées peuvent, par
suite de transports ou de toute autre cause,
perdre de leur rigidité : de là une autre source de ratés. Il est de notoriété, en effet, que
les cartouches qui ont été portées quelque
temps dans les gibernes donnent plus de ratés que les autres.

Que sera-ce donc après le cahot des four-
gons?

Que sera-ce quand ces gibernes seront portées par des cavaliers et secouées par le trot
du cheval?...

Et dire qu'on vient d'adopter pour la cavalerie des mousquetons chassepot; cela, encore, au moment même où on recherche d'ur-
gence à modifier les chassepots de l'infanterie
de façon à permettre l'emploi de cartouches
métalliques!

D'un autre côté, cette cartouche est per-
méable, sujette à l'humidité; l'amorce, en

contact avec le cuivre de la capsule et la poudre, se détériore promptement. Dans de
telles conditions, que deviendra cette amorce
pendant les pluies du bivouac, dans les cales
humides et chaudes des navires, après un
séjour prolongé sous le climat de la Cochin-
chine ?

A tous ces inconvénients, la cartouche
chassepot joint celui d'être la plus coûteuse
de toutes les cartouches de guerre par suite
de sa fabrication extrêmement compliquée,
lente et difficile. Le prix d'un fusil a relativement beaucoup moins d'importance que celui
de la cartouche qu'il emploie. Pour qu'une
armée soit convenablement instruite, il faut
brûler des cartouches, en brûler en quantité;
or, admettant une consommation annuelle
de 150 cartouches par homme, il est facile
de se rendre compte de la différence de dépense occasionnée au bout de quelques années par une cartouche qui coûte de 10 à 12
centimes comme la cartouche française ou
bien par une cartouche métallique, comme
celle de la Suisse, qui ne revient pas à 6 centimes. Il faut encore déduire de ce dernier
prix la valeur des culots de cuivre, perdus à
la guerre, sans aucun doute, mais ramassés,
dans les tirs d'exercices.

Des proportions de la charge en poudre et en plomb dépendent en partie la vitesse initiale, la pénétration, la portée et la tension des trajectoires. Cette question, une des plus graves entre toutes, nécessiterait un long développement.

Bornons-nous à dire que s'il existe plusieurs charges dont on peut admettre les avantages, celle du chassepot est une de celles-là. 5 gr. 50 de poudre et 24 gr. de plomb sont susceptibles de produire, non dans le chassepot tel qu'il est, mais dans un canon convenable, une vitesse initiale que paraissent ne pas soupçonner ceux qui trouvent au fusil français une trajectoire tendue. Nous avons cru devoir donner à cet égard des indications précises, dans l'espérance qu'on en tirerait parti. Nous avons même fait établir une arme d'expérience d'après des données certaines; mais, cette arme, qui l'essayera jamais?

Quoi qu'il en soit, dans le fusil de 1866, pour une distance de 1,000 mètres, le plus haut point de la trajectoire est de 21 mètres! Pour une distance de 400 mètres, il est de 2 mètres, il devrait être de 1^{m}25, et, dans des conditions aussi favorables que possible, on arriverait peut-être à un mètre.

Mais pour ne parler que de ce qui a été constaté en France même, disons que 5 gr. 50 de poudre dans le fusil chassepot impriment à un projectile de 24 grammes une vitesse initiale un peu moindre qu'une charge de 4 grammes à un projectile du même poids (24 grammes) dans une arme du même calibre, bien construite. Il y a donc perte des 30/100 de la charge ; elle provient :

De l'obturateur en caoutchouc ;

Du vide laissé dans la chambre en arrière de la cartouche ;

De la compression de la poudre ;

De la disproportion ridicule entre le diamètre de la balle et le calibre du canon ;

De l'excès de forcement et de frottement qui en est la conséquence et qui amène un échauffement du canon plus considérable que dans les autres armes ;

Du peu de longueur de la partie efficace de ce canon comme aussi de la trop grande profondeur des rayures.

Quant à la précision, de même que la trajectoire, elle est inférieure à celle de toute autre arme dans les *mêmes conditions de charge et de calibre,* autrement dit, sous ce rapport, il n'était pas possible de faire pis.

Ceci étonnera moins, lorsqu'on saura que l'axe de la balle ne correspond pas toujours à l'axe du canon ; qu'elle n'est pas placée dans les rayures, mais dans la chambre. Dilatée dans cette chambre, elle doit s'étirer pour pénétrer dans un canon dont les quatre rayures sont d'autant plus profondes que le calibre est de 11 millimètres ; la balle prend dans ces rayures une forme carrée très-prononcée, essentiellement nuisible à la régularité de sa rotation dans l'air ; dans ce même canon, elle peut rencontrer des débris de cartouche également nuisibles ; enfin, le graissage de la balle est complétement insuffisant pour prévenir l'encrassement et le plombage du canon.

Quant à la vitesse du tir, il est difficile d'en apprécier la moyenne en toutes circonstances, en guerre, par exemple, par suite de toutes les causes retardatrices indiquées plus haut, et qui peuvent se multiplier à un moment donné.

L'aspect extérieur du fusil de 1866 ne déplait pas à l'œil ; il est léger et assez élégant. Mais, sous le rapport de la commodité, on peut lui reprocher la poignée du verrou faisant saillie ; comme aussi la forme du guidon et la longue pression qu'il faut opérer sur la détente, de telle sorte que le tireur ne sait jamais quand le coup va partir.

Nous avons omis la plupart des défauts provenant d'une mauvaise fabrication ; ils sont nombreux, les armuriers de régiment peuvent l'attester, mais il ne pouvait en être autrement si l'on considère que ces armes ont été faites tout à la fois en France, en Italie, en Espagne, en Belgique, en Angleterre.

Devenu arme de trafic en même temps que fusil réglementaire français, le fusil Chassepot a été rejeté partout où il s'est montré.

En Suisse (page 49 du rapport fédéral), nous le voyons, dès 1866, classé dans la colonne de droite, c'est-à-dire avec les armes qui ont le plus mal tiré ; et dans cette colonne il ne se trouve pas en bien nombreuse compagnie, puisqu'il n'y figure qu'avec un seul fusil, bien perfectionné depuis.

Dans le volumineux rapport anglais qui, avec ses nombreux appendices, constitue le recueil le plus complet, le plus instructif, le plus impartial, qui ait paru sur les armes, rapport dont on peut discuter les conclusions sans contester les avantages spéciaux de l'arme *Martini-Henry* qui l'a emporté, on trouve parmi les armes rejetées la mention suivante :

Chassepot. — « Cette arme a donné des ratés continuels et un encrassement considérable autour de la tige du verrou de culasse. La rondelle de caoutchouc placée dans la capsule, restait presque invariablement dans l'arme ou était chassée dans le canal de l'aiguille de façon à l'enclouer. Après chaque raté, la baguette était nécessaire pour extraire la cartouche. Dans quelques armes présentées depuis à la commission comme étant d'une fabrication plus parfaite, ces ratés n'eurent plus lieu, mais après quelques coups on éprouvait de la difficulté à faire pénétrer les cartouches dans le canon. »

Dans l'interrogatoire des personnes appelées par la commission à l'éclairer de leur expérience et de leurs avis, on trouve les dépositions suivantes :

M. James Kerr. — « Il y a dans le chassepot de fréquents ratés ; il répond bien quand les cartouches sont fraîches ; mais lorsqu'elles ont été portées quelque temps libres, les ratés se multiplient. Il y a aussi manque de puissance ; la force est suffisante pour pousser l'aiguille en avant, mais elle n'est pas assez régulière pour que l'aiguille puisse chaque fois briser la capsule. Cette perte de force provient du frottement causé par les pièces dépendantes du chien. Si le ressort à boudin était plus fort, on ne pourrait plus armer à la main, et je comprends que tout faible qu'il est, il arrive fréquemment que les soldats français doivent armer avec les talons de leurs bottes. »

M. le colonel Hartford. — « Il n'existe pas d'arme, dans les mêmes conditions que le chassepot, qui ait une vitesse initiale moindre et une plus mauvaise trajectoire. Cela provient de la mauvaise construction de l'arme, de la chambre destinée à la combustion de la cartouche, de l'excès de forcement, de la compression de la poudre. »

Au grand concours de tir qui, tous les ans, réunit à Wimbledon l'élite des 300,000 tireurs que compte l'Angleterre, il existe des cibles spéciales réservées aux armes de guerre, se chargeant par la culasse ; les prix sont décernés à ceux qui, en trois minutes, mettent le plus grand nombre de balles en

cible. Au mois de juillet dernier, 14 systèmes ont été présentés : l'arme Henry-Martini obtint la première place avec 127 points
en 44 coups. Le fusil français, modèle 1866,
a été quatorzième et dernier avec 50 points
en 30 coups.

Telle est l'arme qui coûte cent soixante
millions au pays, telle est l'arme qui se fabrique encore dans nos manufactures!

Cet écrit peut se passer de commentaires,
libre à chacun d'en tirer la conclusion qui
lui conviendra. Nous ajouterons, cependant,
que nous avons entrepris sans hésitation
l'histoire, la description et la critique du fusil
qui est entre les mains du soldat français,
aujourd'hui par conséquent l'arme de la défense nationale. Loin de nous la pensée de
vouloir dénigrer par système ou détruire
sans but comme sans utilité la confiance que
notre infanterie peut avoir dans ses armes ;
mais à un moment où rien ne fait supposer
que la paix sera troublée, il nous a paru opportun d'attirer l'attention sur les inconvénients d'une arme que toute l'Europe connait
et qui a fait sourire plus d'une commission
étrangère. Arme d'autant plus perfide qu'elle
donnera toujours au polygone de meilleurs
résultats que sur le champ de bataille et

qu'elle entretient des illusions trompeuses chez des hommes qui ne pourront comparer que le jour du combat et qui, jusque là seront satifaits parce que, hier encore, ils étaient armés de fusils de gros calibre d'une portée et d'une justesse bien inférieures.

Ajoutons, enfin, qu'en raison de la marche suivie à l'étranger, — *transformations* provisoires des anciens fusils que remplacent chaque jour des armes neuves, — notre armement, tout détestable qu'il est, n'en est pas moins redoutable, mais il ne saurait se perpétuer sans danger. Il faut le considérer comme un armement de transition et se mettre à l'œuvre résolûment, alors qu'il en est encore temps, pour réparer, autant que possible, les erreurs de l'angoisse et de l'ignorance. Attendre pour cela que la Prusse ait un million de fusils nouveaux serait une grande imprudence, et la France, si prodigue de son argent, se doit de donner à ses troupes les meilleures armes connues.

Mais pour que ce triste et coûteux enseignement ne soit pas perdu, il faut aussi une autre réforme, une réforme radicale.

Sans anticiper sur cette question, il est permis dès à présent de trouver surprenant que l'infanterie ne soit même pas consultée sur le choix de ses armes.

Cette infanterie, qui a déjà produit des hommes comme les Delvigne, les Minié, les Nessler, compte dans ses rangs des officiers capables, pratiquant le tir chaque jour ; et, cependant, elle n'a ni représentants dans les comités d'armement, ni influence dans les commissions d'expériences [1], qui, elles-mêmes, comme l'exemple l'a prouvé, n'en ont malheureusement aucune.

En présence des résultats obtenus, cette exclusion systématique ne saurait durer, et on a le droit de souhaiter que, dorénavant, chacun fasse son métier.

(1) Il y a dans la commission de Vincennes quelques officiers d'infanterie, hommes pratiques et habiles tireurs, mais leur rôle, à l'opposé de ce qu'il devrait être, y est très-effacé. Cette *commission*, du reste, depuis quelques années, n'existe plus que de nom. L'indépendance dont elle a fait preuve dans sa louable hostilité contre l'adoption du fusil Chassepot, et depuis lors une prédominance individuelle ont amené ce résultat fâcheux.

En général, les commissions entièrement militaires présentent de grands inconvénients parce que quand le chef ou celui qui a confiance a parlé il est sage au subordonné de se taire. Il est souvent difficile, en effet, à **un** officier d'allier l'esprit d'indépendance qui doit inspirer les travaux d'une commission aux exigences de sa carrière.

Les conclusions de ces commissions sont ensuite mises en avant par les influences qui les ont inspirées indirectement et elles leurs servent de bouclier.

Transformation du fusil Chassepot.

—

Le fusil Chassepot, en raison des vices radicaux inhérents au système, n'est pas appelé à se perpétuer. Il restera dans son état actuel tant que les hommes qui l'ont fait adopter resteront au pouvoir. On peut donc regretter que M. le ministre de la guerre n'ait pas cédé la place au successeur désigné par l'opinion publique, qui aura à réparer les erreurs provenant de l'influence malheureuse de l'ancien président du comité de l'artillerie.

Le fusil français, basé sur un principe faux, du moins en l'état actuel de la science, celui de l'obturation produite par l'arme elle-même et non par la cartouche, peut et doit être ramené au principe de la cartouche métallique obturatrice, universellement adoptée.

L'emploi de cette cartouche entraîne la suppression de l'aiguille et de l'obturateur en caoutchouc, dont les effets sont si incertains ; mais elle rend nécessaire la modification de la chambre destinée à la loger ; elle nécessite également l'addition d'un extracteur au mécanisme de fermeture.

Les avantages résultant de ces modifications seraient très-grands : la cartouche métallique, d'une fabrication mécanique facile et peu coûteuse, présente des garanties suffisantes sous le rapport de la bonne conservation et de la sécurité dans les transports ; elle assure la fermeture parfaite de la culasse, quelle que soit la température. Toutes les causes de ratés existantes sont en grande partie détruites, l'encrassement est prévenu et le tir se trouve par conséquent très-accéléré. La vitesse de ce tir deviendrait égale à celle des meilleures armes, les armes à magasin exceptées, si le mouvement d'armer, long et pénible, était supprimé. Un fusil, aujourd'hui, doit s'armer de lui-même, automatiquement, de façon que les mouvements nécessaires à la charge soient réduits à trois. Cette amélioration est possible dans le chassepot.

La cartouche métallique permettrait en outre d'augmenter la justesse de l'arme en facilitant l'emploi d'une balle proportionnée au calibre du canon et en assurant à cette balle une position invariable dans la chambre. Cette justesse deviendrait même satisfaisante s'il était possible de diminuer la profondeur des rayures ou au moins d'empêcher la balle de s'y déformer, comme cela a lieu, à tel point qu'elle entre cylindrique dans le canon pour en sortir carrée. Le vide laissé en arrière de la cartouche actuelle pour faciliter l'expulsion de ses débris devenant inutile avec la cartouche métallique et cessant, de même que l'excès de forcement du projectile, d'absorber inutilement une partie de la force des gaz de la poudre, la vitesse initiale serait accrue et la trajectoire plus tendue.

Ces conditions remplies, la trajectoire deviendrait ce qu'elle doit être avec une charge de 5 grammes 1/2 de poudre et 24 grammes de plomb dans un calibre de 11^{mm}.

Il est possible d'opérer toutes ces améliorations sur un nombre restreint d'armes, et nul doute qu'un examen judicieux des propositions déjà faites ou de celles qui surgiraient si un appel libéral était adressé aux inventeurs n'amenât à constituer promptement les différentes parties de la transformation du chassepot telle qu'elle doit être.

Mais cette transformation, possible sur quelques modèles d'essai, peut-elle être appliquée pratiquement à l'immense armement qui, grâce à l'absence de tout contrôle, s'est glissé dans les rangs de l'armée ?

Ce sera sans doute la plus grande difficulté, car les fusils Chassepot ne sont pas suffisamment uniformes, par suite des moyens imparfaits de fabrication employés, pour que telle nouvelle pièce puisse s'adapter indifféremment aux uns ou aux autres.

Quoi qu'il en soit, cette question d'une si grande importance, puisqu'il s'agit d'utiliser 800,000 fusils, doit être envisagée sous toutes ses faces. Avant d'adopter, ou tout en adoptant une arme neuve, il faut absolument tirer parti de celles qui existent; il faut examiner si le chassepot doit être amélioré simplement par le perfectionnement de sa cartouche en elle-même et la création d'un obturateur de sûreté afin de le substituer au besoin à celui en caoutchouc, qui, satisfaisant en été, est, au contraire, de nature à exposer une armée française à des désastres pendant une campagne d'hiver. Ou bien il faut décider si l'amélioration de ce fusil peut dépendre, ce qui serait préférable, de la modification plus complète du système et de la cartouche métallique obturatrice.

Il faut aussi considérer si l'arme Chassepot transformée serait en mesure de tenir son rang en présence des armes dont la réputation est établie, en présence surtout de l'arme à magasin, — épée de Damoclès suspendue au-dessus des armées. Et si le moindre doute régnait à cet égard, il faudrait, en même temps que cette transformation, rechercher activement l'arme de l'avenir, avec le désir de la trouver.

La modification du chassepot est tellement désirable, qu'elle s'est imposée de bonne heure à l'esprit des gens du métier. C'est ainsi que dès 1866, aux expériences du camp de Châlons, nous voyons M. Plumerel, capitaine rapporteur de la commission de Vincennes, présenter une transformation de cette arme, à l'égard de laquelle son devoir avait été de ne ménager ni la critique ni les avertissements, ce qu'il expie aujourd'hui dans un poste de disgrâce.

D'un autre côté, le maréchal Niel, si j'ai bonne mémoire, ne parlait-il pas plaisamment à la tribune de ces 600 personnes qui lui avaient également proposé des améliorations ? Cependant, ce chiffre respectable devait donner lieu à quelque réflexion. Il prouvait au moins qu'un très grand nombre d'hommes, s'occupant d'armes à différents titres, reconnaissaient des vices au fusil français.

Ces vices sont si flagrants, pour celui-là surtout qui peut juger par comparaison, et c'est la seule manière d'arriver à la vérité, que, malgré le dépit qu'on a dû en éprouver, un certain nombre de transformations ont été expérimentées, entre autres celle-là même de M. Plumerel, laquelle, rejetée à Châlons, ne serait peut-être pas aujourd'hui une des moins praticables. Certaines de ces transformations, ce qui est très-louable, assurément, ont été encouragées par le ministère de la guerre ; il en est même qui sont sorties des ateliers dont dispose la direction de l'artillerie.

Il faut supposer aujourd'hui ou que ces tentatives n'ont pas donné de résultats satisfaisants, ou qu'elles ont dû se heurter contre les susceptibilités d'adversaires encore plus puissants, car autrement, l'adoption toute récente et la fabrication de mousquetons Chassepot pour la cavalerie, alors qu'on rechercherait une modification du fusil de l'infanterie, serait encore plus inqualifiable.

Si l'une ou l'autre de ces suppositions manque d'exactitude, si la transformation du chassepot est plus que jamais à l'étude, comme nous l'espérons, pourquoi fabriquer cent mille mousquetons peut-être, que demain il faudra transformer ou abandonner à leur tour, comme ces armes à *tabatière* qui datent d'hier, et que déjà ils sont appelés à remplacer ?

Armes affreuses, qu'on ne peut montrer ni aux amis ni aux ennemis; qui, rejetées par notre flotte, par l'armée pontificale, par les corps français, n'ont pu même être utilisées pour la garde mobile et encombrent nos magasins par centaines de mille. Les anciens fusils, cependant, décemment *transformés* au lendemain de Sadowa au lieu d'être gâchés en 1867 et 1868, auraient permis de choisir en toute tranquillité une arme convenable, et nous auraient par conséquent préservés du chassepot.

Ils nous eussent peut-être donné le Luxembourg et le Rhin !

Nous n'obtiendrons en France un armement sérieux pour l'armée, nous n'éviterons les abus de toutes sortes, les folles dépenses qui ne peuvent se renouveler périodiquement que le jour où on se décidera à faire un appel public aux inventeurs, et à désigner, comme cela a été exigé en Angleterre, des juges donnant toute garantie aux intéressés, c'est-à-dire à la sécurité nationale, aux contribuables, aux familles, à l'armée, qui, elle, donne son sang.

Une commission d'armement, organisée sur une base puissante et libérale, pouvant faire appel à toutes les lumières, indépendante du ministre et du ministère de la guerre, ne relevant que d'elle-même, des Chambres et de l'opinion publique, serait un grand bienfait pour la patrie, une nécessité même; car aujourd'hui c'est par la qualité des armes comme par la qualité des troupes qu'on doit arriver à la réduction de l'armée, tout en augmentant sa puissance.

A l'appel d'une telle commission, les inventeurs du monde entier répondraient avec empressement. Ils ne resteraient plus à l'écart, comme beaucoup le font aujourd'hui, plutôt que de soumettre le fruit de leurs peines et de leurs travaux, sans espoir de succès, à des hommes dont on ne conteste pas l'honorabilité, mais qui ne veulent rien admettre de l'extérieur; qui sont tout à la fois inventeurs, juges, fabricants, et dont les prétentions n'ont jamais été justifiées par les résultats.

Le Chassepot-Carter-Edwards

—

Au mois de juillet 1868, me trouvant au grand concours du tir de Wimbledon, près des tireurs de vitesse, un sous-officier vint s'asseoir à mes côtés. Il tenait en main une carabine se chargeant par la culasse, je lui demandai la permission de l'examiner. Cette arme était d'une simplicité et d'une promptitude de maniement extrêmes.

Dans cet examen superficiel, certaines pièces me frappèrent tout particulièrement, parce qu'il semblait possible de les adapter facilement à une arme Chassepot modifiée. Déjà à cette époque la nécessité d'une modification dans le fusil qui se fabriquait avec fièvre dans nos manufactures ne laissait aucun doute. Cette arme portait le nom de Carter-Edwards.

J'aurais vivement désiré en rapporter une en France, mais le sous-officier me déclara qu'elle n'existait qu'à l'état de modèles d'expérience et qu'on n'en trouvait pas dans le commerce. Il se leva pour aller prendre son rang parmi les tireurs, et je le suivis des yeux. Ce sous-officier, bien qu'obligé de prendre ses cartouches une à une dans une musette qu'il portait en sautoir, musette réglementaire pour tous les tireurs de vitesse, mit, à 450 mètres, en trois minutes, 44 balles sur 46 tirées dans une cible de 1^m80 en carré. Ce résultat, qui n'avait pas encore été atteint pendant le concours et qui ne fut pas dépassé cette année-là, était de nature à donner une haute idée de l'arme et de l'habileté du tireur.

Je regrettai d'autant plus de ne pas pouvoir me procurer une carabine semblable. Mais le souvenir m'en est resté ; et chaque fois que j'ai entendu parler de la transformation du chassepot, je pensais tout d'abord au Carter-Edwards.

Depuis, cette arme a été mentionnée d'une façon toute spéciale dans le rapport de la commission d'examen de Woolwich. Elle

serait devenue même l'arme de l'infanterie
anglaise si elle n'avait appartenu, comme le
chassepot, à la famille des « armes à verrou, »
sur laquelle certains représentants mal fabriqués et mal conçus ont jeté de la défaveur ;
et cependant, comme le dit le rapport, toutes les tentatives faites par la commission
sur l'arme Carter-Edwards pour produire un
départ accidentel ont été sans résultat.

Tout ce qui précède est nécessaire pour
expliquer la lettre suivante, provenant de
personnes à qui je suis tout aussi inconnu
que je ne les connais moi-même, et l'empressement que je mets à la publier :

« Monsieur,

« Nous venons seulement de lire l'article sur la
transformation du fusil Chassepot.

« Nous partageons entièrement votre avis sur les
défauts de ce système tel qu'il est, et sur la peu de
probabilité d'aucun changement réel et profitable
tant que les autorités, maintenant toutes puissantes,
de la direction de l'artillerie et des armes portatives,
seront au pouvoir ; parce qu'elles semblent être in-
fluencées par ceux qui ont intérêt à la conservation
du système Chassepot dans son état actuel, et que
ces autorités semblent aussi ignorer ou décliner
toutes les offres faites pour l'amélioration de cette
arme.

« Nous avons inventé une modification du fusil
Chassepot extrêmement simple, et qui répond de la

façon la plus complète à toutes les objections que vous avez si justement énumérées.

« D'après notre plan, le chassepot actuel, défectueux avec la cartouche qui se consume, peut être approprié, au prix de 3 francs seulement, à l'emploi de la cartouche métallique Boxer, et ce fusil peut encore être ramené au principe des armes qui s'arment automatiquement, au prix de 10 francs.

« M. Carter, accompagné d'un ami, a eu l'honneur d'être reçu par l'empereur à Saint-Cloud, le 28 juin dernier, et de soumettre à Sa Majesté un chassepot modifié d'après le système à 3 francs ; il lui a présenté en même temps un fusil neuf du même principe, qui pourrait être fabriqué pour 50 francs.

« Sa Majesté, après avoir examiné et manié ces armes avec le plus grand soin, a déclaré qu'elle était très-satisfaite et a ordonné d'adresser une lettre au président de l'artillerie, recommandant la question à son attention la plus sérieuse et disant : « L'affaire m'intéresse beaucoup. »

« Avec cette lettre écrite par l'aide-de-camp dans le palais, M. Carter, toujours accompagné de la même personne, se rendit chez le président avec ses deux modèles. Là il fut renvoyé devant un directeur qui, d'emblée, exprima la conviction que le chassepot actuel était parfait ; que la cartouche qui se consume était supérieure à toute autre ; qu'aucune modification ne serait recommandée, et très-rudement (*very roughly*) il lui tendit le mécanisme de culasse du chassepot modifié.

« Cependant les deux armes lui furent laissées ainsi qu'un approvisionnement de cartouches Boxer, prêtes pour un essai ; mais cela ne convint pas aux intérêts masqués (*vested interests*), ou aux préjugés de la direction ou de ses conseillers ; et au lieu d'ordonner un essai, et l'étude des mérites réels de ce chassepot, modification Carter-Edwards, un rapport fut envoyé, d'après lequel le système proposé n'était pas approuvé, et aucun essai jugé nécessaire.

« Nous avons alors fait une demande très-pressante pour qu'un essai impartial et loyal eût lieu, et pour que M. Carter pût y assister ; nous affirmions que l'arme remplirait les conditions et avantages désirables. Mais aucune permission de ce genre n'a été accordée, bien que les deux modèles soient encore entre les mains du directeur du comité de l'artillerie.

« Tant que de telles influences existeront pour mettre à l'écart toutes les tentatives de perfectionnement, il ne faut compter sur aucune modification des fusils Chassepot. Mais si voulez bien publier cette lettre, elle pourra contribuer à obtenir des essais francs et sincères de tous les perfectionnements qui peuvent être offerts au gouvernement pour faire du chassepot une véritable arme de guerre.

« Nous avons l'honneur, etc.

« H. CARTER ET G. H. EDWARDS. »

Cette lettre est le complément de l'article sur la transformation du fusil Chassepot.

Je n'ai pas la prétention de prouver que la transformation Carter-Edwards soit la meilleure de toutes, puisque je ne la connais même pas ; c'est là, du reste, l'affaire d'un concours où tout le monde doit être admis. Mais on peut dire ceci : c'est que les hommes compétents qui ont déjà su créer une arme de la plus haute valeur n'ont pu manquer, dans un pays aussi avancé que l'Angleterre dans la question des armes et du tir, de produire une transformation chassepot très-sérieuse et digne d'examen. — Qu'il est singulier que des transformations nombreuses, officielles, ayant été essayées en France, celle-là ait été mise à l'écart. — Qu'il est singulier aussi que cette transformation n'ait pas encore été retournée à leurs auteurs.

Cette lettre exprime encore les sentiments des inventeurs étrangers venus en France et qui, tous, redoutant pour les raisons qu'elle renferme de s'adresser à la direction des armements, s'efforcent de présenter d'abord leurs armes à l'empereur.

Dans un sentiment de convenance j'ai évité jusqu'à présent de mettre en cause la personne du souverain ; mais puisque son intervention est indiquée dans la lettre qui précède, je puis dire, sans flatterie, ce qui est connu de tous : l'empereur est grand connaisseur ; il l'a prouvé par ses ouvrages, par les facilités accordées à M. le général Treuille de Beaulieu pour la création de ses canons rayés qui nous ont valu Solférino ; il l'a prouvé encore plus dernièrement en appréciant l'importance des armes dites mitrailleuses.

L'empereur sait tout aussi bien distinguer les bons fusils des mauvais, les principes vrais des principes faux ; mais absorbé par d'autres occupations, il est forcé de s'en rapporter à autrui. Il serait facile de citer ici d'amusantes anecdotes et même des noms qui produiraient quelque surprise ; mais bornons-nous à dire que beaucoup d'armes remarquables passant d'abord par les mains de l'empereur, au grand mécontement de certaines gens, il existe une jurisprudence qui leur est particulière. — L'ancien président du comité de l'artillerie n'en aurait-il pas connaissance ?

— Ah ! mon gaillard, tu as vu l'empereur ! — Soit, — mais tu ne le verras pas deux fois.

Et le protégé impérial est traité à la Carter-Edwards.

Aussi, dans ces dernières années, la recommandation de l'empereur a-t-elle toujours équivalu, pour une arme, à un arrêt de mort subite.

Le Fusil à Tabatière

—

Au mois de juillet 1866, alors que les Prussiens campaient sous les murs de Vienne, la situation politique et militaire de la France n'avait rien de brillant. La flotte et nos meilleurs soldats au Mexique, les magasins vides, la cavalerie désorganisée et manquant de chevaux, l'infanterie dans ses foyers : toutes ces causes réunies firent qu'au lieu de mettre la main sur Mayence, il fallut accepter le fait accompli.

La réorganisation de l'armée se compliqua de la réorganisation de l'armement. Il fallait, coûte que coûte, dans le plus bref délai, un fusil quelconque à tir rapide, afin de rendre à l'armée sa confiance ébranlée et au pays le calme de la force.

, Notre armement se composait alors de 800,000 fusils rayés de gros calibre, inférieurs, il est vrai, à la très-grande généralité des armes étrangères, toutes d'un calibre plus réduit, mais fusils redoutables cependant; car si les balles de gros calibre n'ont ni la portée ni la précision des balles d'un diamètre plus faible, elles ont l'avantage de produire des blessures plus dangereuses, blessures qui démoralisent l'ennemi; et, sous ce dernier rapport, comme l'a prouvé la campagne d'Italie, nos balles creuses ne laissaient rien à désirer.

Pour les besoins du moment, on devait convertir rapidement ces armes au chargement par la culasse, avec d'autant plus de raison que cet armement *transformé* eût été supérieur à celui de la Prusse et qu'il eût permis de rechercher en toute sécurité une bonne arme parmi celles qui vraisemblablement allaient être proposées de toutes parts.

Du reste, les armes les plus en vogue du jour sont antérieures à 1866 ; mais l'étude de ces armes ayant été systématiquement négligée parce qu'elles employaient toutes des cartouches métalliques dont on ne voulait

pas entendre parler dans l'entourage du président du comité de l'artillerie ; il était difficile de revenir sur cette erreur malheureuse
et de baser tout-à-coup un immense armement de *petit calibre* sur les propriétés de
la cartouche *américaine* dont la fabrication,
quoique bien simple, était alors aussi incon-
nue en France qu'elle l'est encore aujour-
d'hui.

Si même nous admettions que la question
si importante de la cartouche fût résolue,
nous trouvons encore que la fabrication
d'une arme neuve quelconque présentait
l'inconvénient de nécessiter un outillage
qu'on n'avait pas et un temps sur lequel la
prudence la plus élémentaire défendait de
compter.

La *transformation* des armes existantes
ne présentait pas tous ces inconvénients.
Mais, dira-t-on, le choix d'un mécanisme
de transformation était-il possible en 1866 ?

Assurément, et pour le trouver il n'y avait
déjà que la peine de choisir ; car les gouvernements qui n'avaient négligé ni les avertissements de la guerre d'Amérique, ni ceux de
la campagne du Holstein, pressentant un
changement prochain, s'étaient particulièrement préoccupés de la solution d'une

question qui les intéressait tous au même
degré.

Le choix de la cartouche ne présentait pas
plus de difficulté pour les armes de *gros calibre* comme les nôtres. N'y avait-il pas,
par exemple, la cartouche employée depuis
vingt-cinq ans avec succès dans les armes
Lefaucheux, ou encore les cartouches Potet,
importées en Angleterre, et tant d'autres ?

Mais ces armes, ces transformations, ces
cartouches, avaient, il est vrai, un vice de
naissance rédhibitoire en France : elles ne
sortaient pas des ateliers de l'artillerie, et au
lieu de transformer, on se lança dans les in-
certitudes du chassepot.

Les puissances étrangères ne se laissent
pas arrêter à ce péché originel, et l'Angleterre, qu'il faut encore et si souvent citer,
ne dédaigna pas pour ses fusils d'Enfield la
transformation fort ancienne d'un armurier
français, M. Schneider, transformation qui
avait passé le détroit et reçu le nom de
Snider. La question de la cartouche ayant été
résolue également, le travail de cette transformation fut activé de telle sorte qu'au mois
d'avril 1867 tous les factionnaires anglais
étaient armés de l'*Enfield-Snider*, et l'étranger pouvait voir rangés, rien que dans les

vastes salles de la Tour de Londres 80,000 fusils de ce système.

Spectacle douloureux pour un Français, car la question du Luxembourg était pendante, et en France, alors, la moitié du bataillon des chasseurs de la garde avait seule pu recevoir des fusils du nouveau modèle. Nous étions donc encore désarmés, et, au lieu de faire appel au canon, il fallut faire appel à la diplomatie.

Sans aucun parti pris, et avec plus de regrets que de satisfaction, nous sommes obligé, forcément, de mettre constamment en cause M. le général Le Bœuf. C'est qu'il était en 1866 chef absolu de la direction de l'artillerie, aide-de-camp de l'empereur et bien en cour : il avait pour s'instruire et les expériences faites en France aussi bien que celles du dehors ; il avait les rapports des attachés militaires et ceux des missions françaises envoyées en Amérique pendant la guerre ; il avait l'argent, les renseignements, la toute-puissance ; et, s'il avait su choisir, les hommes non plus ne lui auraient pas fait défaut.

M. le général Le Bœuf expliquera difficilement à quoi avaient été employées les deux années écoulées depuis juillet 1864, époque à laquelle l'empereur donnait l'ordre de rechercher une arme se chargeant par la culasse, dont il fixait judicieusement le calibre à 10^{mm}. Il expliquera encore plus difficilement comment, surpris par un événement imprévu, il ne fit pas *transformer* sur l'heure, et pourquoi il imposa un fusil contre lequel la commission de Vincennes toute entière s'était prononcée avec énergie, déclarant qu'il ne resterait pas en service.

Mais ce qui est encore plus incompréhensible c'est que le président du comité de l'artillerie, en *août* 1866, ne fit présenter à la haute commission de généraux réunis solennellement à Châlons, en dehors du chassepot que des fusils qui s'imposaient d'eux-mêmes en raison de la position de leurs auteurs : c'est-à-dire le fusil de M. le général Favé, aide-de-camp de l'empereur, et la modification du chassepot, improvisée à la hâte et soutenue par les officiers expérimentés de Vincennes. Et cela pendant qu'en Suisse, à l'appel du gouvernement fédéral, plus de trente systèmes étaient présentés tant aux épreuves d'*avril* 1866 qu'à celles du mois d'*août* de la même année ; systèmes parmi lesquels, comme l'indiquent les rapports, se trouvaient les armes Peabody, Martini, Spencer, Remington, Winchester, Milbank, etc., etc.

A coup sûr, en présence de tels concurrents, le chassepot eût obtenu à Châlons le même classement qu'en Suisse. Quant aux autres armes, les généraux, dans leur prudence, auraient probablement reconnu qu'il était difficile de faire un choix, d'autant mieux que la présence des armes à magasin compliquait singulièrement la question. Ces généraux auraient aussi reconnu que la fabrication de n'importe laquelle de ces armes nécessitait un temps qu'on n'avait pas. Ils auraient donc demandé un supplément d'enquête, l'examen très-attentif des armes à répétition, et ils auraient conclu à la *transformation* immédiate de nos anciens fusils par un travail forcé de jour et de nuit.

Cette transformation, mise à l'écart, au moment opportun, en 1866, s'imposa par la force des choses en 1867. L'alerte du Luxembourg, et, malgré le zèle déployé, le temps exigé par la fabrication du fusil Chassepot, modifié plusieurs fois depuis son adoption à Châlons, firent comprendre, enfin, qu'on ne serait pas plus prêt au printemps de 1868 qu'on ne l'avait été en 1867. Il fallut donc transformer. Comment on s'y est pris ? Nous allons le voir.

En 1867, le nombre des systèmes de transformation s'était naturellement accru. Mais le Snider paraissait encore, et à bon droit, le meilleur et le plus pratique. A l'exemple de l'Angleterre, ce système avait été adopté notamment par la Hollande, l'Espagne et la Turquie. Il y avait aussi le mécanisme *Albini*, très-bon, adopté en Belgique.

Il fallait donc choisir entre l'un ou l'autre de ces modèles et ceux présentés par des armuriers français, parmi lesquels il y en avait, dit-on, de remarquables. Mais tous ces systèmes avaient le vice originel déjà indiqué. L'Albini et le Snider possédaient en plus l'inconvénient, non moins grave en France, d'avoir été choisis par d'autres puissances.

Toutes ces raisons firent qu'un système, œuvre personnelle, paraît-il, d'un officier d'artillerie qui avait à rendre compte des différents modèles soumis par des inventeurs trop candides, l'emporta. Comment a-t-on pu de la simple et excellente transformation Snider extirper l'indescriptible contrefaçon officielle connue aujourd'hui sous le nom de *fusil à tabatière?* Toutes les parties de ce travail tendraient à faire croire qu'il fut jugé avec des illusions trop paternelles.

Cette transformation donna lieu aux réclamations de MM. Schneider, Cornish et de la compagnie Snider. Ont-ils été indemnisés? Nous l'ignorons.

Les manufactures impériales étant absorbées par la fabrication du chassepot, on eut recours à l'industrie privée. Le prix par arme fut fixé à 24 francs. Cent millions de culots métalliques pour cartouches furent commandés à un fabricant privilégié, qui, au dire de ses concurrents évincés et fort mécontents, réalisa sur quatre millions de francs un bénéfice de quinze cent mille francs.

Voilà donc les grands ateliers de Paris, ateliers de serrurerie pour la plupart, à l'œuvre. — Ils produisirent une arme, — non, ce n'était pas une arme! Le moindre de ses défauts est de ne partir qu'à intervalles irréguliers.

Les fabricants mis en cause répliquèrent qu'ils n'avaient fait qu'exécuter le modèle donné, et ils s'en prirent à ce modèle et à la qualité des cartouches. — L'auteur et le fabricant de cartouches leur retournèrent le compliment. — Ils étaient tous dans le vrai, car modèle, cartouches, fabrication, tout se valait. La France paya, et le silence se fit.

Combien existe-t-il de ces transformations? Je l'ignore; mais il paraît qu'elles se comptent par centaines de mille. Le choix fut mis provisoirement en service dans quelques corps, la gendarmerie de la garde, par exemple, et nos cavaliers en sont encore armés. Mais il fallut renoncer à donner la transformation à la défunte garde mobile. [1]

Le saint-siége et la marine impériale, qui eurent pour leur part des lots pris propablement dans le tas, et payés argent comptant, pourraient donner des détails édifiants.

Si les représentants du pays, — et ici il ne doit plus y avoir ni droite, ni centre, ni gauche, mais seulement des Français, — veulent être éclairés sur la manière dont on peut anéantir un armement; comment d'un fusil à tir passable on peut faire un fusil à tir insensé; s'ils veulent savoir comment d'un fusil se chargeant par la bouche et tirant sûrement un ou deux coups par minute on fait un fusil à tir soi-disant rapide, ne tirant plus du tout ou se déchargeant par la culasse, ils n'ont qu'à réclamer de M. l'amiral Rigault de Genouilly, bien innocent dans la question, les rapports concernant les armes à tabatière qui lui furent livrées par son

(1) M. le ministre de la guerre a déclaré dernièrement aux Chambres qu'il reviendrait sur cette décision fort sage du maréchal Niel. Plaignons la pauvre garde mobile.....

collègue de la guerre, rapports qui encombrent les cartons de la marine, comme ces mêmes fusils, rejetés par les vaisseaux, encombrent les arsenaux de Cherbourg, de Brest et de Toulon.

Nous saurons encore mieux demain ce que peuvent coûter les erreurs ou les préférences d'un président influent du comité de l'artillerie, car la modification du fusil Chassepot, modèle 1866, pour le ramener au type des armes créées de 1860 à 1864, est nécessaire, urgente, inévitable. Nous saurons aussi ce que coûte la création d'abord, la transformation ensuite de ces mousquetons Chassepot adoptés d'hier et en cours de fabrication aujourd'hui, et si, comme tout le fait prévoir, à moins qu'un changement complet n'ait lieu dans la direction actuelle de nos armements, la transformation très-délicate des armes Chassepot n'aboutit qu'à un cataclysme comme celui de l'arme à tabatière, nous apprendrons alors à connaître le prix d'un armement nouveau.

Ces critiques peuvent paraître vives. Elles ne le sont pas, car on ne pourrait rien en retrancher, mais, au contraire, y ajouter beaucoup. Elles ne s'adressent pas, j'ai hâte de le dire, aux honorables généraux, membres du comité de l'artillerie qu'on ne jugea même pas à propos de consulter ; [1] elles ne s'adressent pas davantage au corps respectable de la belle artillerie française que ne peuvent atteindre les fautes commises par quelques individualités qui, seules, doivent en supporter les conséquences.

Ces critiques s'adressent, sans doute, à M. le général Le Bœuf, mais encore plus à une organisation, à un état de choses qui ont pu permettre à quelques-uns de faire adopter sans protestations dans ce pays, si éclairé sur toutes les autres questions, une *transformation* aussi mal conçue que mal exécutée et un fusil neuf, à *aiguille*, — je parle du chassepot — dont le principe est partout ailleurs relégué dans les musées. Organisation qui, à l'abri de lois aussi absurdes que draconiennes, n'engendre que l'ignorance et paralyse en France l'invention, la fabrication, le commerce et la pratique des armes de guerre ; toutes choses qu'encou-

(1) Il paraîtrait qu'après Sadowa, l'empereur renouvelant ses instructions de 1864, donna l'ordre d'armer l'infanterie d'un nouveau fusil dans un très-bref délai ; une commission fut chargée de faire des essais qui aboutirent à l'adoption du fusil modèle 1866, commission dont ne fit partie *aucun* membre du comité de l'artillerie à l'exception toutefois de son président qui en dirigea les travaux.

ragent ailleurs les gouvernements vraiment nationaux des pays libres.

C'est ce qui me fait craindre que ces articles, écrits avec le seul sentiment de la vérité et du bien, ne trouvent encore que des incrédules ou des contradicteurs.

Armes de guerre

—

Les nombreux éléments dont se compose
l'arme de guerre actuelle, ont nécessité le
concours laborieux et les recherches longtemps accumulées des spécialités et des in-
telligences les plus diverses ; aussi cette
arme a-t-elle échappé aux mains des armuriers pour passer dans le domaine des mé-
tallurgistes, des physiciens, des chimis-
tes, des mécaniciens. Il a fallu composer
d'abord, réunir ensuite, puis surtout, fabriquer pratiquement ces éléments si com-
plexes. L'arme de guerre exige aujourd'hui,
en effet, dans sa fabrication et dans celle de
sa cartouche, une uniformité absolue, une

précision qui rappelle cet instrument destiné à mesurer des vingtièmes de millimètre.

La main de l'homme ne pouvant atteindre ce résultat, son génie a dû y suppléer en créant les machines-outils qui donnent forcément cette précision, cette uniformité indispensables. Ces machines sont si parfaites qu'elles permettent de fabriquer toutes les parties d'une arme : bois, mécanisme, canon, vis, cartouches, projectiles, d'une façon tellement uniforme qu'elles sont *interchangeables*, c'est-à-dire qu'elles peuvent s'appliquer indifféremment et sans retouche les unes aux autres.

On conçoit quelle économie, quelle sûreté dans la production et quelle économie d'entretien résultent de ce perfectionnement de l'outillage.

On comprendra aussi que c'est seulement dans les pays libres, c'est-à-dire dans les pays où la production et la fabrication des armes et des poudres ne sont soumises à aucun contrôle, à aucune entrave, que cette industrie a pu atteindre toute sa perfection, tout son développement.

L'Amérique du Nord a pu employer pendant la guerre de la sécession, grâce à l'initiative de ses citoyens, grâce à son merveilleux outillage, les engins de destruction les plus divers : torpilles, canons monstres, monitors, armes à répétition, etc., toutes choses inconnues alors ou inappliquées en Europe.

L'Angleterre exposait, en 1867, des armes et des poudres telles, aussi bien celles du gouvernement que celles de l'industrie, qu'à nombre égal, il serait insensé de se mesurer contre les forces de cette nation.

Comment se fait-il qu'en France, où les expositions attestent nos progrès et nos succès dans toutes les branches de l'industrie, nous soyons aujourd'hui, quant à la fabrication des poudres, du canon, de l'arme à feu portative, en retard sur tous les autres peuples civilisés, et dans l'impossibilité de fabriquer, à l'heure qu'il est, rien de comparable aux produits des fabriques américaines, anglaises, autrichiennes, suisses, belges ou prussiennes.

Comment la pitoyable exposition du ministère de la guerre de France a-t-elle osé se montrer à côté des expositions de l'Angleterre, de l'Autriche, des Etats-Unis ?

Comment se fait-il encore qu'au milieu des armes nouvelles on ne puisse citer ni un canon, ni un fusil, ni une cartouche, ni

une poudre propres à être donnés immédiatement à une armée, qui soient de prove-
nance nationale ?

La raison en est simple : la fabrication
ou le commerce de tout ce qui peut être
qualifié « armes de guerre, » aussi bien une
baguette de fusil qu'une lame de sabre, n'est
pas libre en France et se trouve régi par des
lois dignes de la barbarie la plus reculée. Ces
lois compromettent aujourd'hui de la façon
la plus écrasante la sécurité nationale ; elles
ont engendré dans l'armée, dans le pays,
l'ignorance et l'indifférence en matière d'armement ; et, l'industrie des armes de guerre, qui se développe chaque jour autour de
nous, qui fait la fortune de Liége et de
Birmingham, n'existe pas sur le sol français.

La première chose est de s'attaquer à ces
lois ; mais il faut s'en prendre aussi à l'application qui en est faite par la direction de l'artillerie.

On ne peut fabriquer en France des armes
que pour l'exportation, et encore faut-il y
être autorisé. La vente, l'achat, la détention
d'une arme qualifiée de guerre, d'une cartouche, peuvent conduire un Français droit à la
police correctionnelle, antichambre de la
prison. L'entrée de toute arme, de tout mo-

dèle étranger destiné à l'exposition, au tir, à l'étude, à la comparaison, est prohibée dans notre pays.

La loi permet cependant d'accorder quelques autorisations spéciales pour des modèles isolés; cette autorisation est longue à obtenir et rend nécessaire la visite toujours désagréable des agents de la police. Et puis, si on obtient cette autorisation, tel n'est pas toujours le cas, que faire d'une arme, alors qu'on ne peut avoir de cartouches?.....

Une demande d'introduction de cartouches, de ces cartouches que les gouvernements étrangers font vendre dans les magasins à prix coûtant, pour encourager et faciliter le tir, ne serait pas admise. L'étui même de cette cartouche, sans poudre, est encore prohibé. Quant à nos poudres de guerre, les nôtres sont atroces, et, du reste, il n'existe pas une seule poudre de carabine à la disposition du public qui ne peut s'en procurer ailleurs.

Qu'on ne vienne pas prétexter ici une question d'ordre public : ce serait tout simplement ridicule; car les hommes qui, pour renverser l'empire, n'hésiteraient pas à ensanglanter Paris, n'ont pas et n'auront jamais les moyens d'acheter des armes coûteuses; et cet argent, s'ils l'avaient, ils ne penseraient plus à élever des barricades, et ils l'emploieraient à tout autre chose. Pour être conséquent, il faudrait alors interdire aussi le commerce des armes de chasse, car un fusil Lefaucheux et des chevrotines peuvent constituer un armement terrible pour la guerre des rues. [1]

Non, la seule, la vraie raison, quelque incroyable qu'elle soit, je vais la dire : il y a quelque temps, une de ces maisons d'arquebuserie les plus importantes de Paris, la maison Lepage, tenait, pour les besoins de son commerce, à exposer dans ses magasins

[1] Les progrès de la science rendent plus que jamais superflues les lois prohibitives puisque le premier venu peut fabriquer des poudres détonantes d'une très-grande puissance. D'un autre côté, même avec nos lois, même à Paris, il est très-aisé aux gens mal intentionnés de se procurer de la poudre et des armes. Seulement ces poudres et ces armes suffisantes pour défendre une barricade sont de trop mauvaise qualité pour le tir de précision et de longue portée. Il est démontré encore que les armes *apparentes*, telles que carabines, ont été fort peu recherchées dans ces derniers mois à Paris tandis, qu'au contraire, il s'est vendu une énorme quantité de revolvers. En somme, autrefois les honnêtes gens manquaient plus souvent de passse-ports que les voleurs; la législation sur les armes produit un effet analogue. Du reste, si on le juge nécessaire, ce que je ne souhaite, que des règlements spéciaux soient appliqués à Paris. Mais que la France entière ne soit plus soumise à un état de siége qui aboutira forcément, un jour ou l'autre, à quelque affreux désastre.

un modèle de mitrailleuse qui n'avait rien
de commun avec la mitrailleuse française;
l'autorisation lui fut refusée, et cette maison
ne put exposer que des photographies et un
modèle *en bois*, vu de fort mauvais œil, et
toléré seulement parce qu'on n'avait pas le
droit de l'interdire.

Et ce représentant du fusil Henry-Martini,
qui ne peut obtenir d'autorisations pour l'entrée des cartouches nécessaires à la production de son arme; se serait-il associé avec la
maison Lepage pour fournir aux têtes chaudes de Belleville un armement du dernier
modèle? Plaisanterie que tout cela. Il serait
facile de multiplier les exemples, mais les
deux cas cités suffisent à démontrer qu'on
sait fort bien où le bât blesse, et qu'on
redoute peu les émeutiers, mais beaucoup la
lumière.

Il est si simple, en effet, de s'abriter derrière des lois malheureuses, de les appliquer
dans toute leur rigueur, d'entretenir dans le
pays un état d'ignorance à peu près absolu,
d'exclure des comités d'armement les officiers d'infanterie, qui ne peuvent ni voir ni
comparer, de faire croire par mille moyens
que je pourrais indiquer que nous avons et
les meilleurs canons, et les meilleures pou-

dres, et les meilleurs fusils. Tout cela est in-
finiment plus simple que de les produire en
réalité. Réussit-on au moins à tromper l'é-
tranger? Non, puisque le chassepot, fusil
national, prohibé dans le commerce en
France, est arme de trafic au dehors.

A qui la faute?...

Est-il admissible que quelques hommes
vivant dans un milieu exclusif, nourris d'é-
tudes mathématiques qui, trop souvent, faus-
sent le jugement, imbus de théories dont
souvent l'expérience tôt ou tard leur démontre l'inanité, s'abritant derrière la responsabilité de chefs qu'ils induisent en erreur,
puissent à eux seuls créer avec succès ce
qui ailleurs a nécessité les peines, les recherches, les sacrifices d'homme de génie,
favorisés par une industrie avancée et une
liberté absolue, engageant leur intelligence et
leurs ressources à la poursuite d'une idée?
Ce n'est pas admissible. On peut connaître à
fond la théorie du canon sans être pour cela
du jour au lendemain un inventeur heureux,
un habile ouvrier, un grand mécanicien, un
grand industriel.

Du moment où la direction de Saint-Tho-
mas d'Aquin n'a pas et ne peut avoir en elle-
même les éléments de production, et qu'à

côté de cela elle ne veut absolument rien admettre franchement, ni de l'extérieur, ni même des commissions d'expérience, il ne lui reste plus qu'une ressource, c'est de copier. Mais copier savamment est encore délicat, car emprunter à telle ou à telle arme ce qu'elle a de bon et rejeter ce qu'elle a de mauvais indique un jugement qui permettrait au moins de créer sans copier.

Copier en modifiant d'une façon plus ou moins malheureuse — toujours sans la participation des inventeurs, — telle a été la marche peu glorieuse suivie dans ces derniers temps et pour le fusil Chassepot, et pour la mitrailleuse, et pour la transformation dite à tabatière.

Quant à leur fabrication, ces armes se ressentent forcément de la situation précaire de l'industrie armurière; situation créée par les lois, par leur application, par le monopole absolu de l'artillerie.

Les différentes parties du fusil Chassepot fabriquées dans les manufactures impériales ne sont pas *interchangeables,* ce qui dénote un outillage encore très-imparfait. Cette absence d'uniformité porte déjà ses fruits, puisqu'elle fait craindre que ce fusil ne soit pas pratiquement modifiable pour permettre l'emploi de cartouches métalliques. D'un autre côté, la fabrication des hausses a laissé beaucoup à désirer ; les divisions sont trop élevées pour les distances indiquées, et avec la tendance qu'ont les soldats de tirer à guidon plein, il s'en suit une double cause d'erreur verticale dans le tir. Aussi, dans l'armée française, sur 100 balles qui manquent la cible, il y en a 80 qui passent par dessus. Ces hausses encore ne sont pas fixées dans le plan de tir, c'est-à-dire dans le milieu du canon, autre cause très-grave de déviation horizontale. Avec une arme ainsi réglée, à 500 mètres de distance, le soldat qui vise correctement manque forcément la cible, et c'est le maladroit qui, par l'effet du hasard, atteindra la cible de temps à autre. C'est ce qui arrive souvent avec le chassepot, à cette distance, dans une cible de 3 mètres sur 3, si la hausse n'a pas été dessoudée et sa position rectifiée.

Dans de telles conditions, l'instruction devient difficile ; le soldat n'a plus la même confiance dans son arme, et le jour du combat, le moral s'en ressentira.

En dehors des manufactures impériales, 100,000 fusils ont été en outre commandés à l'industrie pour activer la fabrication. Mais on s'est adressé à l'industrie étrangère, de crainte probablement que l'industrie nationale fût incapable de ce travail. Ce serait la seule explication de cette commande.

Disons, en passant, que là encore la direction de l'artillerie n'a pas été heureuse, car ces 100,000 fusils ont été si mal fabriqués, même ceux venus d'Angleterre, qu'il a fallu ou les reléguer dans les magasins ou les refaire en partie dans les manufactures impériales. On sait que si les industries avancées excellent à faire de bonnes armes, elles excellent aussi à produire les armes de pacotille.

La transformation des anciens fusils a été accomplie à peu près uniquement par l'industrie française. Le modèle fourni était déplorable; mais eût-il été bon que le grossier travail des mêmes ouvriers eût encore anéanti cet armement.

Une mitrailleuse, encore plus peut-être qu'une arme se chargeant par la culasse, nécessite une perfection extrême de fabrication. S'il est notoire que la mitrailleuse officielle est assez inférieure à d'autres armes de la même catégorie pour ne pouvoir leur être comparée, on ne peut cependant rien dire de sa fabrication, puisque cette arme, dont le principe est cependant connu de toute l'Eu-

rope, est un mystère pour la France seule ;
mais il serait très-étonnant qu'elle ne se
ressentît pas des très-grandes difficultés qu'a
dû rencontrer son exécution matérielle.

Lorsque la direction de l'artillerie sera
mise en cause par les représentants désireux
de savoir où passe l'argent du pays, nous en-
tendrons des explications qu'il serait déjà
possible de donner ici ; car on sait ce qui se
dira par ce qui ne se dira pas. Malheureusement, le sujet est spécial, peu connu, et on
tentera certainement de faire partager aux
Chambres les erreurs de la haute commission de Châlons et de la première chambre
du tribunal de la Seine, qui décidait, dans sa
sagesse, à l'occasion d'un procès récent,[1] —
que le fusil Chassepot expulsait tous les débris de sa cartouche !...

Si les choses se passaient en France comme
elles se passent en Angleterre, où tous les
ans, au tir national de Wimbledon, les meilleurs tireurs des Communes disputent une
coupe aux meilleurs tireurs Lords, à un kilo-
mètre de distance, exemple que feraient bien
de suivre nos sénateurs et nos députés, le

---

[1] Journal le *Droit* du 1er août 1869, et numéros sui-
vants.

pays aurait de bonnes armes et n'aurait pas besoin de mauvaises réponses.

Avec nos nouvelles armes, la victoire nous l'aurons, non pas à cause de ces armes — étonnement de l'étranger, — mais à cause de nos braves soldats que l'Europe connaît aussi, qu'elle admire autant qu'elle les redoute.

Seulement, lorsqu'une armée française aura jonché de ses cadavres des positions chèrement conquises, direz-vous à la Chambre, au pays, aux morts :

Nous aurions dû donner à vos artilleurs un canon de campagne qui tire quatre fois mieux que le canon français ; à vos tirailleurs un fusil de longue portée qui, à 1,200 mètres, tire mieux que le chassepot à 400 ; à votre infanterie un fusil à magasin qui, à 500 mètres, met ses balles dans un mètre carré et qui tire deux coups par seconde. Nous aurions dû vous donner des mitrailleuses qui, à 1,000 mètres, en une minute, mettent 400 balles dans les cibles. Nous aurions pu encore vous donner sans bruit, sans fracas, le terrible secret de mesurer à l'instant les distances du combat, de telle sorte que de loin, à couvert, sans vous exposer, vous auriez pu anéantir l'ennemi.

Direz-vous tout cela ? Non. Ce que vous

direz, ce que vous ferez dire, ce que vous ferez croire : — « Les chassepots ont fait merveille. »

Eh bien ! ce que vous ne direz pas, je le proclame aujourd'hui, alors qu'il en est temps, avec la conviction de rendre service à mon pays ; et ces armes que vous connaissez, je vais vous rappeler leurs noms ; ce sont :

Le canon de campagne Whitworth.

Le fusil Henry-Martini.

Le fusil à magasin Winchester.

Le mitrailleur Christophe-Montigny-Metford.

Et enfin, plus terrible que tous ces merveilleux engins, la balle explosible.

En terminant, je dirai encore qu'une des premières conditions d'existence pour un pays est de savoir fabriquer les armes nécessaires à sa défense. Or, en France des lois criminelles ont depuis longtemps anéanti l'industrie armurière. Cette déplorable situation appelle les justes réclamations des fabricants, l'attention immédiate de la presse, des ministres, des Chambres.

Si le pays savait quel contrôle salutaire eût été pour la bonne direction de ses armements, la liberté des poudres, la liberté des

armes, la publicité des expériences comparatives ; s'il savait avec quelles armes — sans
parler des armes à chargement par la culasse
— on aurait pu faire les guerres de Crimée,
d'Italie, de Chine, du Mexique ; s'il savait ce
que les quelques millions que peuvent lui
rapporter le monopole des poudres coûtent
et coûteront de millions gaspillés, de torrents
de sang français inutilement versé, ces lois,
ces monopoles, ces mystères, ces abus, il
les anéantirait à l'instant même avec indignation.

Avant d'apprendre à toute la jeunesse d'un
pays à partir du pied gauche et à marquer le
pas, avant d'enrégimenter douze cent mille
hommes pour n'avoir, au jour des épreuves,
que d'innombrables clampins propres à tout
désorganiser, à dévorer les vivres, à peupler
les hôpitaux, à obstruer les routes, à engen-
drer les maladies, la démoralisation, les pa-
niques, à anéantir enfin la meilleure des armées, un gouvernement national doit faciliter par tous les moyens la production et la
pratique des armes de guerre.

Ce type héroïque et intelligent du soldat
tirailleur, du chasseur enfant perdu de Sébastopol, du *sharpshooter* de la guerre américaine, est exclusivement celui du soldat de

demain. Pour l'avoir dans l'armée il faut d'abord le créer dans le pays.

Pour cela que faut-il? De bonnes armes de guerre, de la bonne poudre, et, par-dessus tout, la liberté.

Tirs, Francs-Tireurs, Gardes mobiles.

Les perfectionnements introduits successivement dans l'armement des troupes, l'ont
été d'abord dans les armes d'un usage jour-
nalier. C'est ainsi que les fusils à silex, à
percussion, à chargement par la culasse, et
les cartouches à culots métalliques ont été
employés par les particuliers bien avant de
l'être dans les armées. Il en a été de même
pour l'arme rayée; et c'est seulement dans
les pays où la carabine est en honneur, comme arme de tir et comme arme de chasse,
où, par conséquent, il y a intérêt à produire
des armes de grande précision, que les soldats sont bien armés.

Proposez donc à la Suisse, proposez donc à l'Angleterre le fusil Chassepot ou le fusil à tabatière ! Dans l'un ou l'autre de ces pays, les hommes qui, par leur influence, auraient réussi à y faire adopter de tels engins eussent reçu déjà de singulières récompenses. — Pourquoi ? — Parce que en Angleterre et en Suisse, — conséquence de la liberté des poudres et des armes, — il existe de nombreux concours de tir permettant la comparaison ; et que, donner aux combattants qui exposent leur vie, pour la défense de la patrie, une arme inférieure à celle de tireurs qui s'amusent, soulèverait l'indignation générale et serait impossible.

Développer la production des bonnes armes et former des tirailleurs de guerre, tel doit être le but des concours de tir, mais ils n'atteignent ce résultat utile qu'à la condition d'être soumis à certaines règles, en vigueur, par exemple, dans les tirs suisses et anglais, les uns et les autres, chacun dans leur genre, admirablement compris.

Les institutions de tir, plusieurs fois séculaires en Suisse, y sont l'objet d'une sollicitude toute particulière, car elles font la gloire et assurent l'indépendance de ce pays. Aussi, chaque progrès réalisé dans les armes amène-t-il des modifications dans les conditions imposées aux tireurs, et ces conditions nouvelles amènent elles-mêmes de nouveaux perfectionnements dans les armes ; les distances de tir sont successivement augmentées ; elles sont aujourd'hui, de 1,000 pieds, et récemment, les dernières cibles à petite distance, réservées aux anciennes armes, ont disparu des tirs fédéraux pour faire place exclusivement aux cibles pour *armes de guerre* divisées encore en deux classes : celles qui se chargent par la bouche et celles qui se chargent par la culasse. Ces dernières tendent chaque jour à devenir les seules armes des tirs, parce qu'elles sont maintenant les seules armes des soldats.

Ces concours ont naturellement une influence salutaire sur l'armement des milices suisses. Il n'est donc pas étonnant que ces troupes aient toujours des armes en avance de dix ans sur celles des autres puissances continentales. Hier, elles avaient le célèbre *fusil de chasseur*, alors la meilleure arme des tirs, comme elle était la meilleure des armes adoptées en Europe ; aujourd'hui, c'est le terrible fusil à répétition américain, apprécié dès son apparition en Suisse et copié plus ou moins bien, qui a servi de base à leur nouvel armement.

De son côté, le gouvernement fédéral vient en aide aux tireurs en vendant de la bonne poudre de guerre à 1 fr. 40 la livre, et au prix de 6 centimes pièces d'excellentes cartouches métalliques dont tous les éléments, y compris la balle, sont empruntés au système Winchester. Cette cartouche se trouve dans le moindre village, et en raison de ses qualités et de son prix minime, elle s'est généralisée de telle sorte que les armes d'invention nationale, quel qu'en soit le système, et les meilleures armes étrangères, très-répandues en Suisse, où leur contrefaçon est facilitée par l'absence de législation sur les brevets, sont toutes appropriées à son emploi.

Les avantages résultant de cette seule cartouche tirée par tous les fusils d'un pays sont saisissants, car dans le cas d'une levée en masse, qu'importe la diversité des armes, s'il y a unité de munition. Aussi la Suisse, qui compte autant de tireurs que d'habitants, peut-elle attendre en paix l'ennemi assez audacieux pour pénétrer dans ses montagnes.

Si de Suisse nous passons en Angleterre, nous y trouvons aussi des tirs nationaux puissamment organisés et d'autant plus efficaces que dans leur création toute récente il n'y a pas eu à tenir compte de ces vieux usages, de ces vieux errements dont la Suisse vient de se débarrasser pour toujours. Ces tirs suivirent de peu la formation des corps de volontaires, réponse aux hâbleries publiées par le *Moniteur* à la suite de l'attentat Orsini.

Dans l'organisation de ces tirs, on s'est attaché surtout à développer dans le pays et parmi les volontaires la pratique de l'arme règlementaire d'Enfield. On a d'autant mieux réussi que cette arme basée sur les propriétés de la balle Minié et adoptée à une époque, 1852, où les règles de la balistique étaient encore incertaines, s'est trouvée, par suite d'un rare bonheur, excellente comme précision ; excellente aussi comme uniformité de fabrication.

Des cibles furent également destinées aux armes nouvelles de petit calibre qui déjà commençaient à se répandre, cibles placées à des distances telles, 900 mètres et même au-delà, qu'il paraissait difficile qu'une arme portative pût lancer une balle avec précision à une distance aussi considérable.

Mais la carabine hexagonale Whitworth existait ; elle se répandit promptement parmi les tireurs de longue portée et eut une influence capitale sur la vogue et le succès de ce genre de tir resté encore aujourd'hui exclusivement anglais. Elle excita aussi l'émulation des armuriers ; mais ses qualités étaient si grandes, qu'elle fut seulement détrônée dans ces dernières années par les carabines de tir *Metford* et *Rigby*, et par l'excellente carabine de guerre *Henry*, [1] que suivent de près un très-grand nombre d'autres armes se chargeant par la culasse et qui, toutes, trouvent leur emploi dans les épreuves réservées aux armes de cette catégorie.

Toutes ces armes sont telles qu'aux grandes distances elles n'ont de rivales nulle part ailleurs, et que pour battre les Anglais dans un concours anglais il faut une arme anglaise. Mais il convient de remarquer que cette grande portée et cette grande précision ne s'obtiennent qu'avec des projectiles lourds et de très fortes charges de poudre occasionnant un recul violent et nécessitant une douille de cartouche résistante, longue, lourde, encombrante, coûteuse. Aussi semble-t-il improbable que ces armes, quelque grandes que soient leurs qualités, puissent être adop-

(1) Cette arme, œuvre d'un armurier d'Edimbourg, n'a rien de commun avec la carabine à répétition américaine du même nom.

tées avantageusement pour toute une armée ; mais elles constituent l'armement, par excellence, des tirailleurs.

Admirons sans restriction ces libres institutions patriotiques qui, en quelques années, ont développé chez un peuple pour qui le tir n'était pas une tradition la production d'armes sans pareilles, de poudres parfaites, de tireurs incomparables qui se comptent par centaines de mille. Tireurs tels, aussi bien les tireurs anglais que les tireurs suisses, que parmi eux il s'en trouve un grand nombre qui, individuellement, en rase campagne, se feraient un jeu de décimer une compagnie, d'écraser un escadron. Il ne leur faudrait pour cela qu'un sillon, un rocher, un tronc d'arbre pour abriter leur corps, une bonne carabine et une giberne bien garnie.

Si vous m'en croyez, autorités militaires françaises, visitez les tirs fédéraux suisses. Vous y verrez de quelle façon s'y prend un homme, giberne à la ceinture, pour mettre 38 balles en cible, à 300 mètres de distance, en deux minutes de temps. Ou bien allez encore, au mois de juillet prochain, au tir national de Wimbledon, voyez les tirs de vitesse ; vous y apprendrez ce que valent les chassepots, vous y saisirez aussi le secret des guerres futures mieux que dans toutes les théories et toutes les conférences de la terre.

Etablir en France des institutions de tir analogues à celles qui prospèrent autour de nos frontières est une impossibilité, puisqu'un Français, sous la législation actuelle, ne peut se procurer ni une carabine de guerre, ni une cartouche, ni une bonne poudre à bon marché. Aussi les hommes dévoués qui, luttant contre des obstacles et des découragements de toutes sortes, ont entrepris, dans un but patriotique, la création de tirs, sont-ils dans l'impossibilité de créer quelque chose de sérieux et de réellement utile.

La distance de 150 mètres est celle généralement en usage dans nos tirs parce que, à cette courte distance, les défauts d'une arme et d'une poudre sont moins apparents qu'à une distance plus éloignée. Aussi voit-on dans ces concours des armes rejetées partout ailleurs, de ces vieilles carabines moyen-âge à mires compliquées, à double détente, d'un poids énorme et d'une forme qui rappelle celle d'un violoncelle. On y voit encore des carabines fantaisistes, soi-disant « de guerre, » à chargement si compliqué que l'emploi de ces armes serait impossible partout ailleurs. Les unes et les autres ont une justesse passable à 150 mètres, c'est tout ce qu'on leur demande ; mais, à 300 mètres, elles manqueraient une caserne. Pour toutes ces raisons, elles sont impropres à un service de campagne, et, si aux mêmes hommes qui s'en servent avec habileté à courte distance on donnait une véritable carabine et une giberne bourrée de cartouches métalliques, avec faculté de mettre le plus grand nombre de balles en cible, dans un temps donné, à 700 ou 800 mètres, en plein champ, qu'il vente ou qu'il pleuve, ils commenceraient par être très embarrassés.

Quant à l'appui, quant aux encouragements que les tireurs rencontrent en France de la part de l'autorité, il suffit de rappeler ce mouvement patriotique amené sur nos frontières par les événements d'Allemagne et étouffé par décret, tandis que quelques années auparavant un mouvement analogue encouragé en Angleterre vaut aujourd'hui à ce pays, beaucoup moins guerrier cependant que le nôtre, 300.000 tireurs bien armés dont les deux-tiers sont enregimentés et équipés militairement.

En 1867, par une belle matinée de printemps, le premier bataillon des francs-tireurs de l'Est, cors et clairons en tête, faisait son entrée dans Paris. Accueil sympathique, revue de l'empereur au Carrousel, décorations, revue du prince impérial, banquet, rien n'y manqua : la fête fut complète.

Ils retournèrent dans leurs foyers propager la bonne nouvelle répandue bientôt dans toute la France. Mais, comme toujours, des conseillers inintelligents et sans patriotisme se trouvèrent là pour tromper le souverain et détourner ses bonnes intentions. Les francs-tireurs, qui, surgissant de toutes parts, s'organisaient en compagnies, reçurent l'ordre de se dissoudre ou de contracter un engagement dans la garde mobile. Autant valait proposer à ces jeunes gens indépendants, à ces pères de familles prêchant d'exemple un engagement dans les tirailleurs sénégalais.

L'effet désiré n'eût, sans doute, pas été plus complet, car, dès le lendemain de ces décrets malheureux, il n'existait plus un seul franc-tireur, mais cela eût été plus franc.

Aujourd'hui que la volonté bien arrêtée du pays est de reprendre la direction de ses affaires, il est à souhaiter qu'il se préoccupe des questions qui intéressent sa défense autrement qu'il ne le fait.

Nous avons une garde mobile qui n'existe

même pas sur le papier et qui cependant coûte déjà et coûtera chaque année tant de millions, bien que le projet de M. le ministre de la guerre ne consiste qu'à ne rien lui apprendre pendant la paix et à l'armer pendant la guerre, — il a pu le dire aux applaudissements d'une Chambre française, — de ces fusils transformés qu'il serait si avantageux de voir en face de soi.

La réunion de ces gardes mobiles au moment de crise qui accompagne toujours la mise des armées sur le pied de guerre augmentera un désordre toujours grand et produira un gâchis indescriptible dont il n'est que trop facile de prévoir les résultats calamiteux.

A un tel amas d'hommes enlevés à leurs charrues, séparés subitement de leurs familles, vêtus d'un uniforme déplaisant à l'œil, mal nourris, subissant les effets de démoralisation et d'abrutissement que produisent d'abord sur les conscrits les exigences de la discipline, les exercices militaires, la vie commune ; à ces hommes sans feu sacré, ne sachant même pas manier un fusil impossible, il faudrait des cadres admirables et de tels cadres seraient encore impuissants à en tirer parti.

Ces cadres, du reste, où les prendre ? Achèvera-t-on la désorganisation de l'armée, inaugurée sous le ministère actuel par la réduction du contingent, en lui enlevant au moment où ils lui seraient le plus nécessaires ses meilleurs officiers et ses meilleurs instructeurs ?...

Certes, il faudra bien arriver à la réduction de l'armée; mais seulement par la qualité des armes, par le choix et la bonne instruction des troupes et surtout par la création d'une réserve puissante propre à la défense du territoire et sur laquelle devra s'appuyer cette armée d'élite. S'attaquer au contingent avant d'avoir perfectionné l'organisation de l'armée, avant d'avoir créé cette réserve essentielle aujourd'hui, c'est tout simplement odieux.

Cette réserve, il n'est ni difficile ni coûteux de la créer. Lorsqu'un gouvernement est issu du suffrage universel, lorsqu'il se dit constamment démocratique, on se demande quelle insanité d'esprit peut lui faire proscrire les moyens de l'obtenir ? Au lieu d'être en France serions-nous donc en pays conquis ?

La liberté des armes, qu'exigeraient tous les peuples civilisés s'ils ne l'avaient, telle est, en effet, la première condition d'existence d'une réserve efficace : les cibles se dresseraient de toutes parts, les tireurs se formeraient, et, au premier appel, la France pourrait compter par centaines de mille d'adroits tirailleurs prêts à se placer momentanément sous le régime de la discipline militaire, à se jeter avec leurs armes dans les places frontières, dans les camps retranchés et, mieux encore, à tenir la campagne.

Pour diriger, dès son origine, vers un but utile, ce mouvement de volontaires qui, depuis quelques années, ne demande qu'à éclater, l'intervention de l'Etat serait nécessaire. Mais elle doit se borner à un rôle amical, paternel, et nullement s'imposer. Dans ces conditions les francs-tireurs, comprenant l'intérêt général, seraient les premiers à réclamer cette intervention.

L'Etat doit recommander un uniforme simple, commode, peu coûteux, mais d'une coupe pittoresque. Il doit aussi adopter, non pas à la légère, mais après des études sérieuses, honnêtes et habilement conduites, deux modèles de cartouches métalliques; il n'y en a plus d'autres admissibles aujourd'hui. L'une appropriée aux besoins généraux d'une arme d'infanterie d'un calibre voisin de 10 ^{mm}., doit être légère, peu coûteuse et pouvoir s'employer tout à la fois dans des armes à un coup se chargeant par la culasse et dans les armes à magasin. La cartouche suisse, par exemple, remplit cette double condition ; elle serait encore préférable si elle était à inflammation centrale et réamorçable comme la cartouche autrichienne. L'autre cartouche, beaucoup plus forte, destinée aux longues portées, aux fusils de tirailleurs, serait du type anglais.

Ces cartouches, l'Etat les ferait vendre à prix coûtant chez tous les armuriers et dans tous les débits de tabac.

Ce serait un immense service rendu à l'industrie des armes, aux francs-tireurs et surtout au pays. Tous adopteraient forcément ces cartouches quelle que soit la diversité des systèmes d'armes qu'ils employeraient. C'est ce qui a lieu en Suisse et en Angleterre.

Cette question est capitale, car du choix judicieux de la munition dépend en grande partie la précision de l'arme, précision si nécessaire pour répandre et développer le goût du tir pendant la paix ; et d'un autre côté l'efficacité des francs-tireurs réunis et enrégimentés pour le service de la patrie dépend absolument de l'emploi des mêmes munitions.

L'Etat devra en outre mettre à leur disposition les champs de tir de l'infanterie aux époques où celle-ci ne s'en sert pas et, de droit, les dimanches et jours de fêtes.

Il devra encourager la création de tirs cantonaux et accorder des récompenses honorifiques aux hommes de bonne volonté qui, par leur zèle ou leurs sacrifices, contribueraient à ces créations. Il devra enfin mettre chaque année à la disposition d'un comité central des tirs le polygone de Vincennes avec campements suffisants et la somme de 500,000 francs pour permettre la création d'un immense concours annuel ouvert aux tireurs de tous les pays et digne de l'hospitalité de la France.

Ce comité serait composé de façon à donner toute garantie aux intéressés. Les principales sommités du pays et de l'armée tiendraient certainement à honneur d'en faire partie.

Quand au commandement des francs-tireurs la meilleure manière d'y pourvoir serait de laisser faire. Les volontaires de la révolution n'ont-ils pas su se choisir des chefs qui devinrent des généraux comme les écoles militaires sont impuissantes à en produire ? Les francs-tireurs se connaissant de longue date, comptant dans leurs rangs un très grand nombre d'anciens militaires, d'officiers démissionnaires, auraient-ils la main moins heureuse?

En conservant aux officiers démissionnaires un rang dans l'armée, en leur reconnaissant, par exemple, le droit de porter, après avoir quitté le service, la qualité d'un grade honorablement gagné on augmenterait singulièrement leur nombre. Ce serait un bien pour l'avancement, un bien aussi pour les corps francs où se retrouveraient ces officiers.

Voilà dans quel ordre d'idées, au prix d'une dépense insignifiante pendant la paix, on peut obtenir une garde mobile redoutable pendant la guerre.

Voilà ce qu'un gouvernement français devrait faire, espérons que le nôtre le fera.

Tout cela serait autrement sérieux que d'armer des milices réunies seulement en temps de guerre avec des fusils à tabatière, qu'elles verront pour la première fois le jour de combat, et de les faire commander par des jeunes gens aussi ignorants que leurs recrues, ou bien, par des officiers retraités qui n'ont plus la vigueur, l'élan, l'ambition nécessaires, et pour lesquels l'âge et, trop souvent, d'honorables infirmités rendraient la vie accidentée du partisan fort pénible.

Les Gaulois, nos pères, disaient que si le ciel venait à tomber ils le soutiendraient du fer de leurs lances; nous, si on le voulait, nous le soulèverions du feu de nos carabines.

Après avoir indiqué la voie malheureuse
suivie dans le choix de nos armes et le résultat regrettable qui en est la conséquence,
il serait naturel d'examiner et de discuter les
meilleurs types de cartouches, les meilleurs
types de fusil, et de rechercher ce que doit
être aujourd'hui l'armement bien compris
d'une bonne infanterie.

Nous aurions à nous étendre particulièrement sur les balles explosibles employées
pour mesurer les distances et régler le tir ;
sur les belles armes anglaises prises comme
armes de tirailleurs ; sur l'arme à magasin
considérée sous le rapport d'un emploi général. Mais, disons-le bien vite, les causes
qui ont produit l'effet subsistant dans toute

leur force, les efforts particuliers échoue-
raient comme par le passé et ce serait peine
perdue. Il vaut donc mieux s'abstenir de
cette étude attrayante et attendre des temps
meilleurs. Lorsqu'il n'y aura plus de monopole en France, la vérité et les bonnes armes
s'imposeront d'elles-mêmes et ce ne sera
plus alors qu'une satisfaction de chercher à
mettre en lumière les avantages des différents bons systèmes.

Du reste, ce qui doit nous intéresser le
plus particulièrement à l'heure présente, c'est
l'amélioration de notre million de fusils. Il
faut absolument remédier aux inconvénients
de ces armes. Il faut se préoccuper par-dessus tout de leur obturation qui n'existe pas
par la gelée ; car, il n'est pas admissible que
des soldats puissent entreprendre une campagne d'hiver avec des fusils qu'on sait devoir se décharger dans leur figure. Nous ne
pouvons non plus être condamnés aux chassepots à perpétuité ; il faut donc en arrêter
la fabrication au lieu d'en étendre l'emploi
aux corps de l'armée qui ne les ont pas
encore reçus. Donner en 1870 à la cavalerie des armes reconnues si inférieures à
d'autres et qui ne doivent pas se perpétuer,
c'est se moquer du pays et de l'armée.

Souhaitons aussi qu'une enquête, ou au moins un écrit de source impartiale et bien renseignée, vienne mettre en lumière tous les faits qui ont amené l'adoption de nos armes nouvelles, qu'on établisse la relation qui a pu exister entre l'adoption par l'armée française du fusil Chassepot sorti des ateliers de Saint-Thomas-d'Aquin et sa mise dans le commerce à l'étranger; qu'on explique aussi pourquoi les intérêts de l'industrie nationale ont été sacrifiés à ceux de quelques spéculateurs; qu'à chacun revienne sa part de responsabilité, et s'il y a eu faute commise, s'il y a des coupables, qu'on les fasse connaître.

Tout le monde doit le désirer, car l'opinion, dans son incertitude, met sur le compte d'une corporation, qui pour ne pas être exempte de préjugés et d'un esprit de corps souvent exclusif, n'en est pas moins digne de respect, les erreurs d'une direction autoritaire et personnelle qui n'a pas su se faire éclairer, et des faits, s'ils existent, dont quelques individualités isolées doivent être seules à porter le poids.

De tout ce qui précède résulte un enseignement qui donne lieu à bien des réflexions. Il démontre encore une fois que c'est seulement par l'indépendance, l'impartialité, le respect des droits de chacun, la publicité des expériences comparatives que les commissions d'armement peuvent se protéger contre elles-mêmes ou contre les influences extérieures, et que par ces moyens seuls elles peuvent avoir droit à l'autorité qui les mettra à l'abri de la malveillance. Ce jour-là si leurs conclusions déplaisent encore, elles supporteront du moins la discussion et rallieront des défenseurs qui leur manquent absolument aujourd'hui.

Pour terminer, disons ce qu'on ne saurait trop répéter, que les questions d'armement ne sont plus des questions incidentes; autrefois, les armes se valaient : uniformes ou à peu près pour tous les pays, elles étaient aussi imparfaites dans un camp que dans l'autre. De ces armes un bon ou un mauvais tireur obtenait le même effet, un effet de hasard.

Aujourd'hui tout est bien changé : — les champs de bataille ne seront plus que de vastes champs de tir et la victoire n'appartiendra pas aux gros bataillons mais aux tireurs intelligents, commodément vêtus, lestes et bien armés, habiles à se couvrir, habiles à manier la carabine, la pêle et la pioche.

Les guerres futures en apprendront plus à cet égard que tous les écrits, mais quels tristes et terribles enseignements préparent aux nations les monopoles et les serviteurs satisfaits de gouvernements aveugles.

En France, la situation dans laquelle nous nous trouvons, est fausse. D'autant plus fausse qu'elle se complique de la présence à la tête de l'armée d'un chef, brave militaire, c'est connu, mais qui, homme spécial, n'a su ni préparer, ni organiser un armement et qui ne peut naturellement diriger avec plus de succès ce qui est moins de sa compétence la préparation des ressources nationales et de la première armée d'Europe en vue des nécessités et des surprises de l'avenir.

Il est donc permis de ne pas applaudir à la préférence qui vient de ravir la plus belle dignité de France, la dignité la plus respectée dans ce pays divisé par les partis, à ce colonel de chasseurs d'Afrique qui prit Abdel-Kader ; à ce vieux guerrier qui, rappelant les exploits de Cortez et de Pizarre, des côtes de France et d'Algérie conduisit sur les remparts de Pékin et ramena dans leur patrie une poignée de combattants ; à l'homme de tête que l'armée française, en 1867, réclamait pour chef, qu'hier elle eût acclamé maréchal de France comme elle l'acclamera, à la première occasion, général en chef d'une de nos armées d'outre-Rhin.

La lumière se fera, l'homme de la situation s'imposera de lui-même ; et, dans la modification inévitable des lois, de l'armement, de la guerre et du soldat, tout sera fait pour nous inspirer confiance.

L'industrie des armes délivrée de ses entraves et stimulée par la concurrence étrangère se développera rapidement ; les corps francs se formeront ; quant au soldat français, ses aptitudes lui ont toujours permis de se façonner à volonté aux besoins de la guerre : régulier à Isly avec Bugeaud, régulier à Palikao avec Montauban, pionnier dans la tranchée de Sébastopol, soldat d'attaque à Malakoff et à Palestro, marcheur dans le Sahara, guérillero au Mexique, demain les champs de bataille nous le montreront tirailleur sans rival.

9 782329 757322